重庆市避暑休闲地产规划理论与实践

邵恒心　郑财贵

白佳飞　杨　涛　等著

西南师范大学出版社

国家一级出版社　全国百佳图书出版单位

图书在版编目（CIP）数据

重庆市避暑休闲地产规划理论与实践 / 邵恒心等著
. — 重庆：西南师范大学出版社，2018.3
ISBN 978-7-5621-9201-5

Ⅰ. ①重… Ⅱ. ①邵… Ⅲ. ①房地产经济－研究－重
庆 Ⅳ. ①F299.277.19

中国版本图书馆CIP数据核字(2018)第023445号

重庆市避暑休闲地产规划理论与实践

邵恒心 郑财贵 白佳飞 杨 涛 等著

责任编辑：周明琼
书籍设计：周 娟 代 艳 李 扬
出版发行：西南师范大学出版社
地址：重庆市北碚区天生路2号
邮编：400715
电话：023-68868624
网址：http://www.xscbs.com
印 刷：重庆长虹印务有限公司
幅面尺寸：185mm×260mm
印 张：10.25
字 数：214千字
版 次：2018年6月第1版
印 次：2018年6月第1次印刷
书 号：ISBN 978-7-5621-9201-5
定 价：49.00 元

近几年来,重庆主城周边的仙女山、黑山谷、金佛山、黄水等地,依托良好的生态、适宜的气候,相继开发了避暑休闲地产,市场反响强烈,取得了较好成效。但同时也存在规划滞后、无序过度开发,发展不均衡、分布过度集中、配套不完善、居住品质有待提高等问题。为引导重庆市避暑休闲地产规范有序发展,满足市民避暑休闲居住需求,有必要对避暑休闲地产依托的资源、市场需求、选址布局等关键问题进行系统梳理和分析研究。

作者依托《重庆市避暑休闲地产规划(2014—2020年)》编制项目,广泛地开展项目调研,总结避暑休闲地产特征;开展覆盖全重庆市的问卷调查,测算避暑休闲地产需求;开展专题研究,解决避暑休闲地产资源分布、发展布局、配套设施等关键问题。本书正是在上述研究工作基础上完成的,从理论和实践上系统总结了重庆市避暑休闲地产规划成果。

全书共七章,第一章通过文献梳理,界定了避暑休闲地产概念,归纳了避暑休闲地产类型及特点。第二章分析了重庆市避暑休闲地产发展背景、资源分布、发展现状及特点,总结了发展过程中面临的问题。第三章采用问卷调查的方式,分析了重庆市避暑休闲地产需求特征,测算了重庆市避暑休闲地产需求潜力。第四章从宏观和中观两个层面提出了重庆市避暑休闲地产选址标准,明确了具有操作性的选址要求。第五章从避暑休闲地产空间布局理论出发,归纳了避暑休闲地产布局形态及布局影响因素，明确了重庆市避暑休闲地产空间布局原则，提出了不同类型的避暑休闲地产布局方式。第六章分析了避暑休闲地产承载力概念和内容，借鉴国外度假地产项目提升承载力经验措施，从心理承载力和资源承载力方面，测算了重庆市避暑休闲地产规划开发片区的承载力。第七章系统研究了避暑休闲地产的建设指标体系和配套设施的种类及建设标准。

参与本书编著的成员还包括重庆市国土资源和房屋勘测规划院的申丽琼、宋德义、宇德良、李晓丹、徐中强、谢宇婷、孙秋兰等同志。本书的编著得到了重庆市国土房管局有关领导和相关处室的大力支持，得到了重庆市环保局、市林业局、市规划局、市旅游局等部门的大力协助，得到了重庆市各区县（自治县、经开区）国土房管局、国土资源管理局、国土资源管理分局等单位的鼎力相助。同时也得到了西南大学邱道持教授、四川大学杨继瑞教授、重庆大学王林教授、重庆工商大学赵小鲁教授等专家学者的指导帮助，在此一并感谢。

避暑休闲地产作为新兴的地产类型，相关研究尚处于起步阶段，由于涉及学科内容广泛，体系庞杂，本书做了一些初浅的思考和尝试，希望能起到抛砖引玉的作用，对其他类型的地产研究和规划实践有所启发。鉴于附录文件的发布时间已久，故根据现行情况对文件中的部分数据进行修改。由于作者研究水平有限，难免有所纰漏，欢迎批评指正！

CONTENTS 目录

第一章　避暑休闲地产概念及特点

第一节　避暑休闲地产概念界定

一、旅游地产发展历程

从全球范围来看，旅游地产的发展历程可大致分为两个阶段，即地中海的贵族消费阶段和分时度假阶段，如图1-1所示。

地中海有史以来就是欧洲历史与文化的交接点。19世纪随着英国、法国和美国的达官贵族相继聚集于此，地中海海岸旅游业开始兴起，到处建起了别墅和旅馆，甚至还有供富人娱乐的赌场，逐渐成为欧洲最著名的冬季度假和夏季

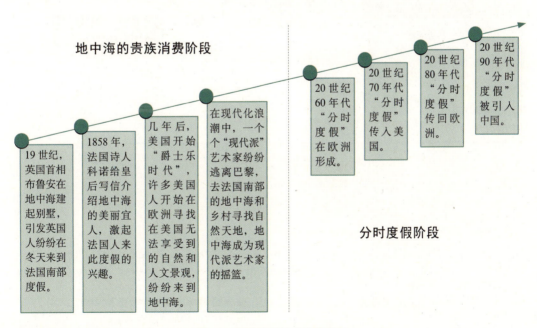

图1-1　国外旅游地产发展阶段

避暑胜地，避暑休闲雏形在此产生，这个时期被称为"地中海的贵族消费阶段"[1-2]。

到20世纪60年代，中产阶级家庭成为社会主流，旅游休闲逐渐成为社会时尚，但是多数中产阶级家庭没有能力购买度假别墅，而部分有能力购买者，因为每年居住时间不长导致购买动力不足。为解决这一情况，"分时度假"概念应运而生。国外旅游休闲进入"分时度假阶段"。20世纪70年代，分时度假传入美国，90年代引入我国。

关于我国旅游地产的发展，学者们在阶段划分上存在一定的分歧，但基本可以认为经历了三个阶段[3-5]，如图1-2所示。

萌芽阶段（20世纪80年代至90年代中期）：这一阶段我国旅游业发展迅速，以深圳华侨城的建设为标志，旅游地产逐渐兴起。同时，国外分时度假理念传入我国，部分旅游地产采用分时度假的模式开展经营活动。

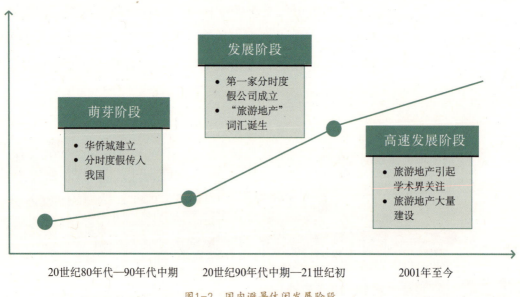

图1-2　国内避暑休闲发展阶段

[1]　J. D. Strapp. The resort cycle and second homes[J]. *Annals of Tourism Research*, 1998, 15(4):504–516.

[2]　S.I. Stewart and C. A. Vogt. Multi-destination trip patterns[J]. *Annals of Tourism Research*, 1997, 24(2):456–461.

[3]　皮佳倩,杜靖川.我国旅游房地产发展与研究述评[J].桂林旅游高等专科学校学报,2007,18(5):774–777.

[4]　刘乃芳.国内旅游地产发展状况浅析[J].当代旅游(学术版),2013(5):22–24.

[5]　任唤麟.旅游房地产与旅游度假房地产概念研究[J].旅游论坛,2013,6(1):1–6.

发展阶段（20世纪90年代中期至21世纪初）：这一阶段我国正式进入分时度假阶段，以首家分时度假公司成立（1997年）为标志，分时度假发展迅速。值得一提的是，随着生活水平的提高，旅游休闲需求多元化、差异化，"避暑休闲"需求旺盛。2001年7月，"避暑休闲"一词在"首届中国避暑休闲博览会"及"避暑休闲发展论坛"上被正式提出，成为旅游地产新的发展方向。

高速发展阶段（2001年至今）：这一阶段旅游地产发展迅速，针对个性化、多元化的休闲需求，出现了避暑休闲地产、健康养老地产、会议地产等多样化旅游地产类型，有关避暑休闲地产、健康养老地产等学术研究发展迅速，促进了项目开发建设的快速发展。

二、避暑休闲地产概念

避暑休闲地产是在夏季高温酷热背景下产生的功能性休闲地产，国外并没有相对应的词汇，文献中仅见一些类似的表述，如Resort/Recreational Property(度假/休闲不动产)，Resort/Recreational Real Estate（度假/休闲房地产）等，目前学术界尚未有"避暑休闲地产"这一概念界定[1]。避暑休闲地产属于旅游地产大的范畴，可以梳理旅游地产相关概念，为避暑休闲地产概念界定提供参考。

通过文献梳理，国内学者沈飞最早界定了旅游地产的概念，他认为旅游地产是以旅游度假为目的的房地产开发营销，全部或者部分实现了旅游的功能，旅游地产的开发对象为旅游物业。这一定义明确了旅游地产的目的、功能和开发对象，得到了多数学者的认同，在学术研究中多次被引用。同时，其他学者也从自己的研究目的出发，研究了旅游地产不同的内涵，如表1-1所示。

表1-1　旅游地产定义

作　者	定　义
沈飞（2003）	以旅游度假为目的的房地产开发营销,全部或者部分实现了旅游的功能,旅游地产的开发对象为旅游物业

[1] 薛诗清.旅游房地产研究综述[J].旅游学研究,2010:81-89.

续表

作者	定义
孙红亮，王珊[1]	是旅游业和房地产相结合的新兴物业开发模式，通过整合规划设计、开发建设、专业策划、市场营销和酒店管理等各个环节而形成的一种全新的产业模式
胡浩，汪宇明[2]	以旅游为目的，以旅游资源（包括自然景区和人造景区）为卖点，以房地产开发为营销模式，房地产开发全部或部分实现了旅游功能的房地产
邹益民，孔庆庆[3]	以旅游区域的景观、生态、文脉以及人气资源为开发契机，以旅游度假村、旅游景区、主题休闲公园、旅游产权酒店、分时度假酒店、高尔夫度假村、景区住宅、民俗度假村、国际休闲中心等方式开发的旅游置业项目
宋丁[4]	直接服务于旅游业或在空间上与旅游区高度密切关联的房地产开发都属于旅游地产
吴老二，等[5]	广义上旅游地产是指所有同旅游相结合的物业，狭义上特指引入分时度假模式与传统相区别的旅游地产
郑静[6]	开发和经营过程与旅游密切相关，并以塑造景区或旅游接待作为其功能的房地产
祝晔[7]	以旅游景观为依托，以房地产开发为经营手段，具有旅游、休闲、度假功能的旅游产品和物业类型

通过上述文献分析，借鉴旅游地产的定义及特点，结合避暑休闲的主体功能特征，归纳避暑休闲地产概念应包括以下内容：

（1）在区位选择上，避暑休闲地产对地理位置和环境要求较高，一般选择大城市郊区或远郊，尤其以风景区、度假景区或环境优美的旅游区为最佳区域。

（2）在主体功能上，全部或部分功能为旅游度假服务，主要具有居住、休闲、避暑功能。

[1] 孙红亮,王珊.处置积压房地产的有效方式[J].商业研究,2002(19):136-138.
[2] 胡浩,汪宇明.中国旅游目的地房地产开发模式研究[J].桂林旅游高等专科学校学报,2004(4):5-9.
[3] 邹益民,孔庆庆.我国旅游房地产开发前景的探讨[J].商业经济与管理,2004(7):60-62.
[4] 宋丁.关于旅游住宅地产的十点提示[J].特区经济.2003(3):40-43.
[5] 吴老二,吴建华,胡敏.发展旅游房地产的瓶颈制约[J].社会科学家,2003(3):101-104.
[6] 郑静.我国旅游房地产市场发展现状分析[J].商场现代化,2008(25):328-329.
[7] 祝晔.旅游房地产的绿色开发和评价模型研究[D].南京:南京师范大学硕士学位论文,2005.

（3）在营销模式上，不同于传统的旅游度假经营模式，避暑休闲地产消费方式可以通过购买、分时度假、产权式酒店等实现，在营销方式上较多元化。

综合上述观点，结合重庆实际，考虑避暑休闲的季节性，为减少配套设施投入，将重庆市避暑休闲地产界定为：夏季气候炎热的背景下产生的，在一定海拔（主要在800～1500米）、夏季气候适宜、居住环境舒适，依托现有场镇、旅游景区开发具有避暑休闲居住功能的商品住宅。

第二节　避暑休闲地产类型及特点

一、避暑休闲地产的类型

根据文献梳理，学者依据不同的分类标准及各自研究视角，提出了不同的避暑休闲类型。杨振之从依托资源的视角，将度假旅游地分为六类，包括高山雪原型、海滨海岛型、温泉疗养型、内陆湖泊山水型、乡村田园型和流动的度假地（以游船、游轮和豪华的旅游列车等现代工具为依托进行的度假）。[1]除了流动的度假地型旅游地不适合发展避暑休闲地产外，其余五类均适合发展避暑休闲地产；功能上，国内学者普遍认为避暑休闲地产是复合型地产，与旅游景点地产、旅游商务地产、旅游度假地产和旅游住宅地产等相互融合，功能上有交叉和替代；[2]产权上，薛诗清归纳避暑休闲地产产权模式主要有完全产权地产、产权式酒店、时权酒店和分时度假等。

通过梳理，避暑休闲地产按照依托资源类型可以划分为山地型、滨湖型、峡谷型和草原型四种类型。

1. 山地型

山地型避暑休闲地产是指依托山地景观资源建设的，集休闲、度假、娱乐、游玩、住宅等于一体的综合性地产项目。就目前我国开发现状而言，这类项目是主要发展类型，周边环境条件是限制其发展的主要原因。开发山地型避暑休闲地产，首先要具备优质的山地旅游环境和开发环境，其次要有良好的交通条件，方便外部可达。

---

[1] 杨振之.论度假旅游资源的分类与评价[J].旅游学刊,2005,20(6):30-34.
[2] 王波.旅游房地产开发与策划研究[D].重庆：重庆大学硕士学位论文,2007.

山地型避暑休闲地产一般采用分散式和集中式两种方式。分散式布局即建筑与地形地势融为一体，与山体呼应自然，建筑与整个地形和场地的环境相互交融，可以更好地呼应整个山形，最大程度利用周边自然环境，提升建筑品质。但这种布局方式要求建筑的容积率较低，不利于土地资源高效利用。集中式布局是将建筑物集中在一起，采用高密度低层建筑的方式，集中布置住宅、配套设施、娱乐设施等，这种布局方式较之于分散式布局占用土地资源较少，但高大建筑对山体有所遮掩，与周围环境融合度不够。同时，由于建筑密度较高，建筑集中，易产生拥挤感和单调感。

2. 滨湖型

滨湖型避暑休闲地产是指依赖于湖景资源进行综合开发的复合地产项目。与传统房地产开发项目不同，滨湖型避暑休闲地产依托滨湖资源和其他娱乐休闲配套设施开发，充分借助湖景资源和滨水设施，开展休闲度假、康养健身、亲水娱乐等。滨湖型避暑休闲地产可依托的资源主要有天然流域和湖泊、人工湖泊、人工水库等。湖水质量、区域景色品质是项目价值的核心。

滨湖型避暑休闲地产在规划布局时，首先要处理好开发利用与保护水体及周边自然生态环境的关系；其次应依托自然地势合理布局地产项目，与水体和周边环境相协调，突出水景的特性。另外，滨湖型避暑休闲地产的空间处理需要注意水面与基地的特殊形态以及水面与基地之间的关系，尊重水体的自然形态，尽量减少建筑对水体的干扰。

3. 峡谷型

峡谷是指深度大于宽度、谷坡陡峻的谷地，它不仅是一种重要的地貌类型，也是一种独具魅力的旅游资源。峡谷型避暑休闲地产是指依托峡谷景观而建立的集避暑休闲、娱乐、康养、住宅等为一体的综合性地产项目。

峡谷型避暑休闲地产规划布局一般采用线性的布局方式，以现有本土景观资源为基础，全面统合驳岸、植被、山石、洞穴和景观小品，将乡土文化、原生态和现代感完美结合，打造综合式的峡谷型避暑休闲地产。建筑设计以尊重历史、重现人文、拥有生态为原则，崇尚自然、保护历史、创造环境，构建"历史、生态、共享"的人与自然和谐共存的避暑休闲地产。整体风格淳朴自然，建筑与峡谷风景紧密地融合在一起，共同塑造具有原野风味的避暑休闲地产。

4. 草原型

草原型避暑休闲地产是指依托草原景观资源而建造的集休闲、度假、娱乐、游玩、住宅等为一体的综合性地产项目。草原型避暑休闲地产布局一般以交通干线为主干，沿交通干线形成树枝状网络空间结构，地产布局重视与自然的联系，组团规模适应人的需求及感受。

二、避暑休闲地产特点

避暑休闲地产是一类特殊的功能型地产，其主导功能是避暑和休闲，与传统的商品住宅和一般的旅游地产的特点有较大区别，主要表现在：

一是地域性和季节性较强，主要分布在一定海拔，夏季气温在20～25 ℃之间的区域，住宅使用时间主要集中在每年夏季高温酷暑时段，具有较强的季节性。

二是资源和区位条件较好，依托山地、森林、湖泊、草场等休闲度假资源，同时距离主要消费市场3小时车程之内为最佳。

三是消费主体和方式独特，主要集中在城镇中高收入群体，以短期自住为主，兼具投资功能。

四是品质和环境要求较高，物业形态多为中高端类型，以舒适性较高的小户型为主，一般要求建筑密度较低，规划建设标准有别于城市居住区。

五是布局和配套要求特殊，大多呈组团式分散布局，规模适度。商业配套一般以小型商业和公共设施为主。

六是规划选址主要依托城镇和旅游景区，充分借助配套设施，减少因季节性使用而造成的闲置浪费。

结合上述分析，重庆市避暑休闲地产是在夏季气候炎热的背景下产生的，主要在800～1500米、夏季气候适宜、居住环境舒适，依托现有场镇、旅游景区开发具有避暑休闲居住功能的商品住宅。

第二章　重庆市避暑休闲地产发展现状

第一节　重庆市避暑休闲地产发展背景

一、国家宏观政策导向提供了发展契机

　　国务院2013年2月颁布的《国民旅游休闲纲要(2013—2020年)》，明确提出到2020年"城乡居民旅游休闲消费水平大幅增长，健康、文明、环保的旅游休闲理念成为全社会的共识，国民旅游休闲质量显著提高，与小康社会相适应的现代国民旅游休闲体系基本建成"。纲要进一步明确了旅游休闲在拉动内需、促进就业、调整国民经济结构中的作用。宏观政策导向为避暑休闲地产提供了发展契机。

二、居民消费升级提供了市场发展前景

　　我国已步入旅游休闲时代，日益增长的大众化、多样化消费需求为避暑休闲地产创造了发展机遇。重庆市2015年人均GDP已达52321元，服务和享受型消费比重不断提高，居民住房需求已逐步由单一居住型向品质型、功能型需求转变，加之重庆夏季高温酷暑，持续时间长，避暑休闲已成为居民主导休闲需求。同时随着老龄化社会的到来，对避暑休闲地产的潜在需求较大。根据抽样调查，重庆市中高收入城镇家庭中约有10%的家庭有购买避暑休闲地产意愿，避暑需求为避暑休闲地产市场快速增长提供了广阔的市场前景。

三、交通基础设施逐步完善提供了发展基础

　　随着渝蓉高速重庆段、巫溪—奉节、涪陵—丰都—石柱等7条高速公路开通，以及城口至万源快速路建成，"4小时重庆"全面实现。沪渝铁路开通以及渝黔新线、渝万铁路等干线铁路的建设，到2020年重庆市铁路运营里程将达

到2300千米，区县铁路覆盖率将达到80%。截至2015年底，重庆市主城区私人汽车保有量86.3万辆，并以年均28%的速度增加。交通基础设施的逐渐完善，私家车拥有量的持续增加为避暑休闲地产提供了发展基础（图2-1）。

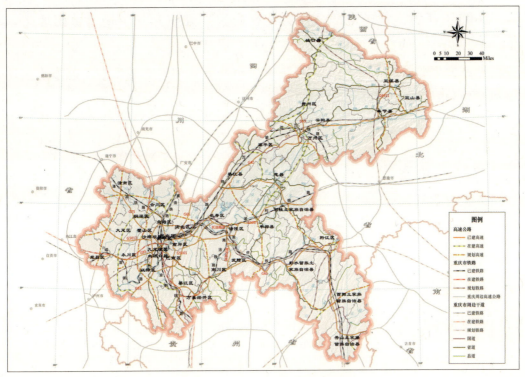

图2-1　重庆市交通发展示意图

四、丰富的避暑休闲资源提供了发展空间

通过对重庆市避暑气候资源的综合调查评价，全市具备避暑气候资源的区域面积为2.7万平方千米，主要分布在黑山、金佛山、四面山、七曜山、铁峰山、方斗山等山脉，涉及万州区、涪陵区、綦江区、万盛经开区、巴南区、黔江区、江津区、南川区、梁平区、城口县、丰都县、垫江县、武隆区、忠县、开州区、云阳县、奉节县、巫山县、巫溪县、石柱土家族自治县、秀山土家族苗族自治县、酉阳土家族苗族自治县、彭水苗族土家族自治县等23个区县（自治县、经济开发区），其中主城区和渝西片区面积约0.3万平方千米，约占11.6%，渝东北片区面积约1.4万平方千米，约占50.6%，渝东南片区面积约1万平方千米，约占37.8%。资源开发潜力巨大，为重庆市避暑休闲地产业的发展提供了发展空间。

第二节　重庆市避暑休闲地产发展现状评价

一、避暑休闲地产发展现状

2005年开始，重庆市部分区县结合旅游小规模开发了避暑休闲地产，2008年以后进入快速发展期，部分区县开始成规模开发，与云南、贵州等国内旅游地产发展较成熟省份相比，目前重庆市避暑休闲地产开发处于起步阶段且规模总量相对较小（图2-2）。

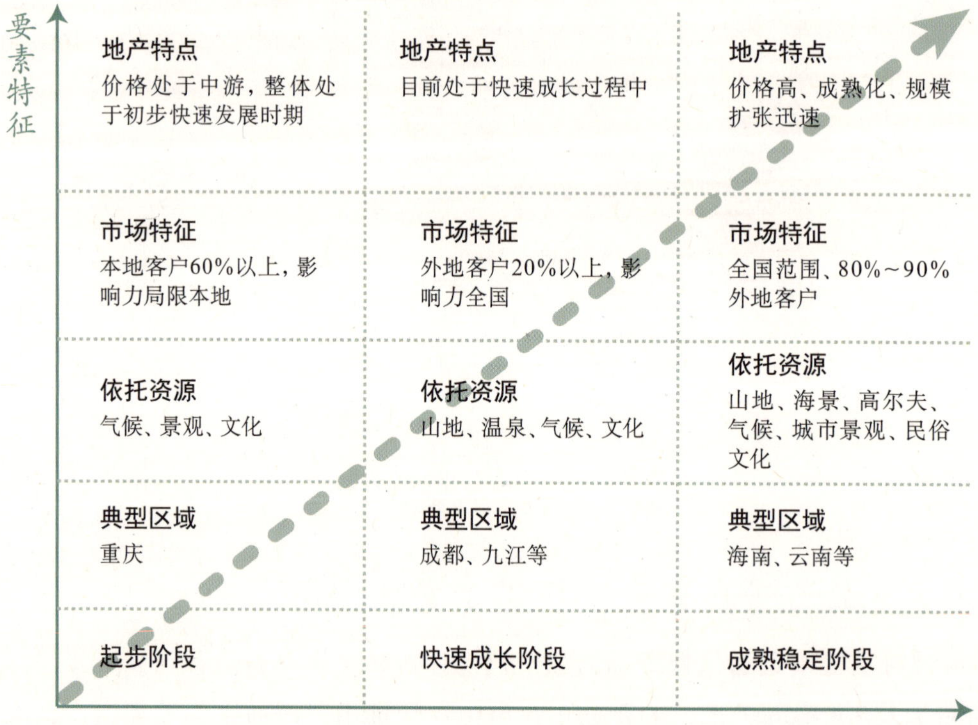

要素特征

地产特点 价格处于中游，整体处于初步快速发展时期	地产特点 目前处于快速成长过程中	地产特点 价格高、成熟化、规模扩张迅速
市场特征 本地客户60%以上，影响力局限本地	市场特征 外地客户20%以上，影响力全国	市场特征 全国范围、80%～90%外地客户
依托资源 气候、景观、文化	依托资源 山地、温泉、气候、文化	依托资源 山地、海景、高尔夫、气候、城市景观、民俗文化
典型区域 重庆	典型区域 成都、九江等	典型区域 海南、云南等
起步阶段	**快速成长阶段**	**成熟稳定阶段**

图2-2　旅游地产发展阶段特征图

截至2013年年底[1]，重庆市已开发建设避暑休闲地产项目108个，用地997公顷，综合容积率1.17，总建筑面积1162万平方米，21.3万套，住宅面积占92%，配套设施面积占8%，住宅户均面积约50平方米。其中：已竣工项目55个，用地189公顷，建筑面积234万平方米4.3万套；在建项目53个，用地808公顷，建筑面积928万平方米17万套（表2-1）。

---

[1] 数据来源于《重庆统计年鉴2013》。

表2-1　重庆市避暑休闲地产发展现状统计表

功能区	地区	已开发项目数（个）			已开发项目建筑面积（万平方米）			已开发项目用地面积（公顷）		
			其中：已竣工	其中：施工		其中：已竣工	其中：施工		其中：已竣工	其中：施工
渝西片区	涪陵	1	—	1	170	—	170	114	—	114
	江津	7	2	5	30	14	16	32	12	20
	南川	14	12	2	43	15	28	44	13	31
	綦江	32	19	13	116	16	100	149	7	142
	万盛	15	9	6	268	60	208	232	44	188
	小计	69	42	27	627	105	522	571	76	495
渝东北片区	万州	4	1	3	30	9	21	28	13	15
	丰都	2	—	2	130	—	130	116	—	116
	云阳	1	—	1	14	—	14	14	—	14
	巫山	4	2	2	67	1	66	51	1	50
	小计	11	3	8	241	10	231	209	14	195
渝东南片区	武隆	15	5	10	206	88	118	152	73	79
	石柱	11	4	7	75	27	48	55	22	33
	彭水	2	1	1	13	4	9	10	4	6
	小计	28	10	18	294	119	175	217	99	118
合　计		108	55	53	1162	234	928	997	189	808

　　上述开发项目中，累计已销售12.2万套，未销售9.1万套。2013年，销售价格在4500～8000元/平方米，建筑面积均价约5600元/平方米。

二、避暑休闲地产发展特点

1. 依托资源明显，发展空间大

　　目前重庆已建成的避暑休闲地产主要分布于渝西片区、渝东南片区和渝东北片区，其规模占比分别为42%，53%和5%，空间分布较集中，处于重庆市

"3小时"经济圈之内。同时，从依托资源角度分析，重庆市避暑休闲地产主要分布于"三山两湖"（"三山"指武隆的仙女山、南川的金佛山、万盛的黑山，"两湖"即丰都的澜天湖和南川的黎香湖）地区，避暑休闲地产空间分布与资源分布基本相符，具有明显的资源依托性。

此外，重庆市避暑休闲资源丰富，避暑休闲地产发展空间较大。除"三山两湖"外，仍有许多其他适宜避暑的高品质资源未得到充分利用。通过对全市避暑气候资源的综合调查评价，全市具备避暑资源的区域面积为2.7万平方千米，主要分布在黑山、金佛山、四面山、七曜山、铁峰山、方斗山等山脉，涉及万州区、涪陵区等23个区县（自治县、经济开发区），未来可依托这些高品质资源开发避暑休闲地产。

2. 整体销售平稳，消费群体以主城区居民为主

现已修建的避暑休闲地产主要依托武隆仙女山、万盛黑山谷、石柱黄水等海拔800～1500米风景区进行开发建设。据统计，现已建成的避暑地产销售较平稳，2013年销售率超过60%；避暑休闲地产价格适中，普通住宅均价为每平方米5600元左右；在调查中发现，消费群体中主城区家庭占70%以上，与经济收入水平和度假休闲发展阶段基本相匹配。

3. 市场需求旺盛，发展潜力大

通过调查，重庆市城镇高收入家庭中约有10%具有购买避暑休闲地产的需求，按照户均50平方米，综合容积率0.8粗略估算，约有3000万平方米需求规模、3800公顷的用地需求。同时，随着居民收入水平提高，这一购买需求将进一步增加，市场潜力大。

4. 户型以小户型为主，使用季节性强

避暑休闲地产与一般房地产类型在功能上有一定区别，其主导功能为避暑休闲，这使得避暑休闲地产的卧室、客厅等面积较之于一般住宅项目要小，不兼具普通商品房的客厅会客、交际等功能，因此避暑休闲地产整体面积不大。据调查，已建项目套均面积为51.7平方米，户型以小户型为主。同时，由于其避暑功能，居住使用主要集中在6月—10月，季节性明显。

三、避暑休闲地产发展存在的问题

（1）规划滞后，存在无序、过度开发问题。由于相关规划滞后，部分区域开发建设缺乏统筹规划，存在无序开发和过度开发的问题。

（2）发展不均衡，存在分布过度集中问题。重庆市已开发避暑休闲地产主要集中在武隆仙女山、万盛黑山谷和石柱黄水三地，三地已竣工项目约占全市的75%，发展不均衡。

（3）配套不足，存在居住品质有待提高问题。部分已开发区域的交通、供水、污水垃圾处理等基础配套以及医疗卫生等公共服务配套不足，与相关资源缺乏有机融合，居住品质有待提高。

第三章　重庆市避暑休闲地产需求潜力

第一节　重庆市避暑休闲地产需求特征分析

为了摸清重庆市避暑休闲地产需求的人群以及购买目的、购买物业类型等需求特征，通过问卷的方式进行了调查，共发放问卷3000份[1]，回收有效问卷2401份，有效率80.0%。为便于分析问卷调查结果，采用SPSS17.0对问卷调查数据进行分析，得到以下结果。

一、样本总体情况

被访者年龄主要集中在25～59岁之间，占比达到79.4%，该年龄段具有购买避暑休闲地产经济实力，是问卷调查的主体。

被访者从事的职业为服务行业的最多，约占16.0%；其次为房地产和建筑业从业者，占比达15.9%。总体看来，调查对象职业分布较广，且从事第三产业人群较多，基本与重庆市经济发展特征相符。

被访者家庭月收入为5001～20000元，占比为63.8%；家庭月收入在5000元及以下和家庭月收入在20001元及以上的比例分别为13.2%和23.0%。

被访者家庭拥有房屋数量大部分为1套住房，占比达61.7%；家庭拥有房屋数量在2套及以上的占比为28.3%（表3-1）。

表3-1　调查对象基本情况

选项描述		样本数	频率	累计频率
年龄（岁）	>60	234	9.7%	9.7%

---

[1]鉴于消费群体主要集中在主城，3000份问卷仅是重庆主城区问卷调查样本量，不包括重庆远郊区县问卷调查样本。

选项描述		样本数	频率	累计频率
年龄（岁）	50～59	297	12.4%	22.1%
	40～49	307	12.8%	34.9%
	30～39	667	27.8%	62.7%
	25～29	634	26.4%	89.1%
	<25	262	10.9%	100.0%
职业	农牧林渔	11	0.5%	0.5%
	法律服务	12	0.5%	1.0%
	邮电通信/IT	93	3.9%	4.9%
	金融	136	5.7%	10.6%
	公务员	165	6.9%	17.5%
	科教文卫	214	8.9%	26.4%
	工矿企业	223	9.3%	35.7%
	商业贸易	226	9.4%	45.1%
	房地产/建筑业	382	15.9%	61.0%
	服务行业	386	16.0%	77.0%
	其他	553	23.0%	100.0%
家庭月收入（元）	≥20001	552	23.0%	23.0%
	15001～20000	816	34.0%	57.0%
	10001～15000	348	14.5%	71.5%
	5001～10000	368	15.3%	86.8%
	≤5000	317	13.2%	100.0%
家庭拥有住房（套）	≥2	679	28.3%	28.3%
	1	1481	61.7%	90.0%
	0	241	10.0%	100.0%

二、需求特征

1. 购买目的

调查显示，被访者购买避暑休闲地产用于自己居住的占比最高，为

42.3%；其次为给父母消夏避暑，占比为35.5%；投资或转售、出租的比例分别为10.8%，9.5%。可以看出，购买避暑休闲地产的被访者，更多是出于自用的考虑，投资等需求比例不高（图3-1）。

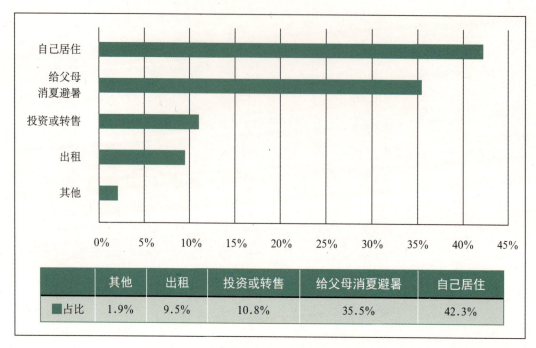

	其他	出租	投资或转售	给父母消夏避暑	自己居住
■占比	1.9%	9.5%	10.8%	35.5%	42.3%

图3-1　购买避暑休闲地产使用目的分布图

2. 购买物业类型

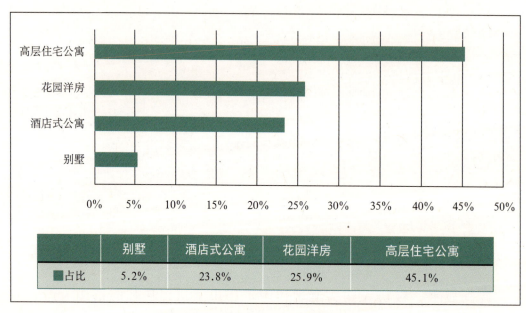

	别墅	酒店式公寓	花园洋房	高层住宅公寓
■占比	5.2%	23.8%	25.9%	45.1%

图3-2　购买避暑休闲地产物业类型分布图

调查显示，有45.1%的被访者倾向于高层住宅公寓；选择购买花园洋房、酒店式公寓占比分别为25.9%和23.8%；选择购买别墅等高档避暑休闲地产的最少，仅占5.2%（图3-2）。

3.购买户型及面积

调查显示，被访者选择购买两室一（两）厅及以下的户型占比达到89.7%；8.7%的被访者会考虑购买三室一（两）厅的户型；仅有1.6%的被访者会考虑选择四室以上的户型（图3-3）。

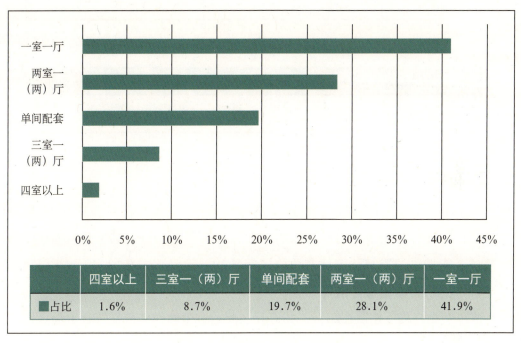

	四室以上	三室一（两）厅	单间配套	两室一（两）厅	一室一厅
■占比	1.6%	8.7%	19.7%	28.1%	41.9%

图3-3 购买避暑休闲地产户型分布图

调查显示，被访者选择购买最多的面积区间是35～50平方米，占比达32.4%；有24.0%的被访者会选择购买面积在50～65平方米的物业，有16.5%的被访者会选择购买面积在35平方米以下的物业，有14.8%的被访者会考虑面积区间在65～80平方米的物业，有12.3%的被访者会选择购买面积在80平方米以上的物业（图3-4）。

从上述调查结果可以看出，避暑休闲地产主要以自住为主，居住时间相对较短，两室一（两）厅及以下、35～50平方米的小户型是购房者首选。开发企业应根据此特点，开发以小户型为主的避暑休闲地产。

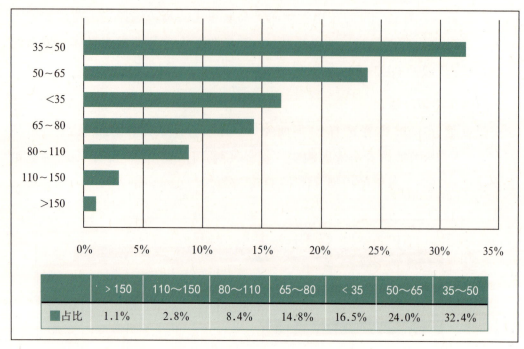

	> 150	110~150	80~110	65~80	< 35	50~65	35~50
占比	1.1%	2.8%	8.4%	14.8%	16.5%	24.0%	32.4%

图3-4　购买避暑休闲地产面积分布图

4. 接受总价区间

调查显示，35.8%的被访者能接受的避暑休闲地产总价区间是20万～30万元；有24.9%的被访者能接受的避暑休闲地产总价区间是30万～40万元；有20.9%的被访者能接受的避暑休闲地产总价区间是20万元以下；有18.4%的被访者能接受40万元以上的避暑休闲地产总价（图3-5）。

整体来看，总价控制在20万～40万元之间的避暑休闲地产更符合市场所需。

5. 购买区域分析

调查显示，选择在重庆范围内购买避暑休闲地产的占比为83.9%，选择在重庆市外的占比仅有16.1%。其中有33.0%的被访者会考虑在距离重庆主城较近的渝西片区购买避暑休闲地产，到渝东南、渝东北、主城区（巴南区）购买避暑休闲地产的比例分别为21.1%，15.5%和14.3%（图3-6、图3-7、图3-8、图3-9）。

从图3-7至图3-9调查结果可以看出，江津、武隆、万州避暑休闲地产更具吸引力，主要是由于以上区县目前均有成熟的避暑休闲地产项目，距离主城较近，交通便捷，可达性较好。

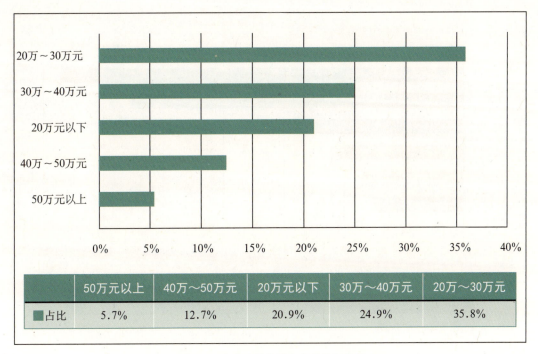

	50万元以上	40万～50万元	20万元以下	30万～40万元	20万～30万元
■占比	5.7%	12.7%	20.9%	24.9%	35.8%

图3-5　购买避暑休闲地产总价分布图

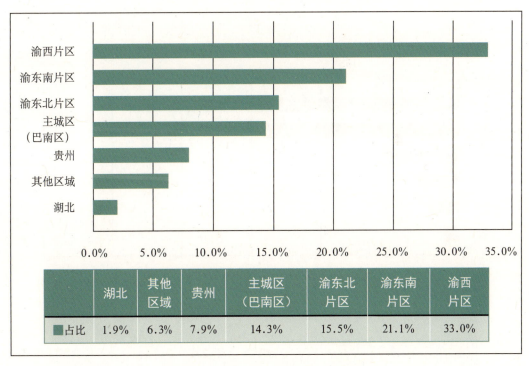

	湖北	其他区域	贵州	主城区（巴南区）	渝东北片区	渝东南片区	渝西片区
■占比	1.9%	6.3%	7.9%	14.3%	15.5%	21.1%	33.0%

图3-6　购买避暑休闲地产区域分布图

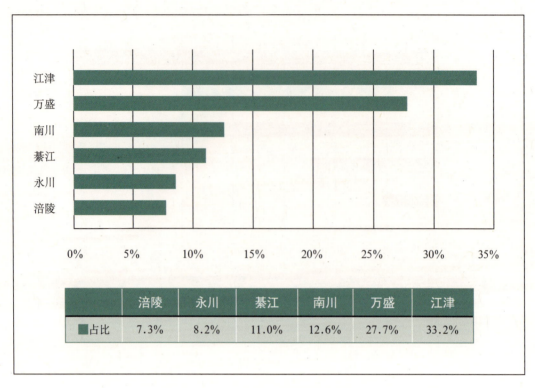

	涪陵	永川	綦江	南川	万盛	江津
■占比	7.3%	8.2%	11.0%	12.6%	27.7%	33.2%

图3-7 渝西片区避暑休闲地产吸引力分布图

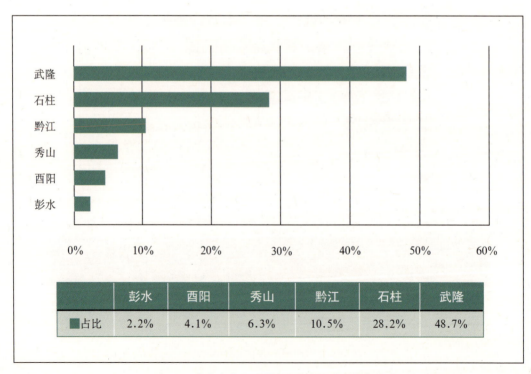

	彭水	酉阳	秀山	黔江	石柱	武隆
■占比	2.2%	4.1%	6.3%	10.5%	28.2%	48.7%

图3-8 渝东南片区避暑休闲地产吸引力分布图

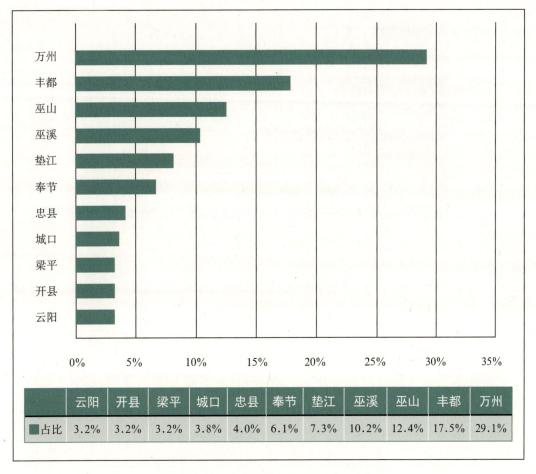

	云阳	开县	梁平	城口	忠县	奉节	垫江	巫溪	巫山	丰都	万州
占比	3.2%	3.2%	3.2%	3.8%	4.0%	6.1%	7.3%	10.2%	12.4%	17.5%	29.1%

图3-9 渝东北片区避暑休闲地产吸引力分布图

6. 影响因素分析

调查显示，在购买避暑休闲地产时，被访者考虑最多的因素是周边生活配套，占比达22.7%；其次被访者考虑较多的因素是交通便利程度、气候条件和价格，占比分别为21.2%、18.3%、11.2%（图3-10）。

被访者购买避暑休闲地产更多是为了自住，因此周边配套和通达性是被访者考虑最多的两个因素，同时气候条件和价格也是购买避暑休闲地产较为看重的因素。

7. 不同收入家庭需求情况分析

根据调查，购买避暑休闲地产家庭为中高收入家庭。2012年统计部门发布的数据显示，中等收入家庭月平均收入为5000元，因此在本次调查中，把家庭月收入5000元以上的受访者视为有效购买人群。

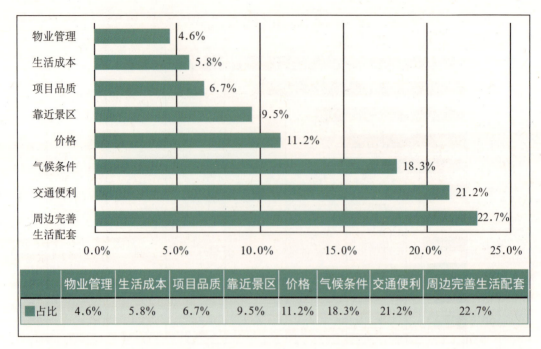

	物业管理	生活成本	项目品质	靠近景区	价格	气候条件	交通便利	周边完善生活配套
占比	4.6%	5.8%	6.7%	9.5%	11.2%	18.3%	21.2%	22.7%

图3-10 避暑休闲地产购买影响因素分布图

通过调查，家庭月收入15001~20000元的家庭对避暑休闲地产的需求最大，需求比例达34%；其次为家庭收入20001元及以上家庭，需求比例为23%；家庭收入5001~15000元家庭需求比例约15%左右（图3-11）。

	家庭月收入≤5000元	家庭月收入5001~10000元	家庭月收入10001~15000元	家庭月收入15001~20000元	家庭月收入≥20001元
需求比例	13.2%	15.3%	14.5%	34.0%	23.0%

图3-11 不同收入家庭避暑休闲地产需求比例分布图

第二节 重庆市避暑休闲地产需求测算

需求是指消费者在一定时期内，在各种可能的价格水平下，愿意并且能够购买的数量，即需求是指消费者既有购买的欲望又有购买能力的有效需求。避暑休闲地产是一类区别于刚性需求的功能型地产类型，其消费对象主要为已满足刚性住房需求的城镇中高收入人群。因此，避暑休闲地产需求是指在一定时期内，特定价格下，消费者有能力支付，且有意愿购买的避暑休闲地产数量。

一、测算方法

目前国内外对房地产需求规模的预测方法较多，但就避暑休闲地产这类非刚性需求的预测还较少。根据文献分析及国内外案例研究，选择了置业比预测法、因子分析预测法和需求比例测算法三种方法进行比较，确定最优测算方法。

1.置业比预测法

（1）测算思路。通过统计近几年避暑休闲地产项目来访量和已购买避暑休闲地产的销售量，计算出置业比（置业客户占避暑休闲地产到访客流量的比例）。根据近几年置业比的增长趋势，结合投资市场情况，区分成熟区和非成熟区，分别估计增长率的上限值和下限值，测算出未来置业比的上下限值。同时通过近几年避暑休闲地产项目来访量历史数据，预测到2020年避暑休闲地产的来访数量，即测算出目标群体数量。通过目标群体数量和置业比增长率测算避暑休闲地产需求量，增量减去存量即为需求量。

（2）测算步骤。

第一步：增量计算。

①统计2008—2013年置业比：

置业比=购买避暑休闲地产人数/接待量（来访人数）

②估计增长趋势（百分比）的上下限值，计算时间节点的置业增长比率。主要考虑投资市场波动，在成熟区维持某个较低值，未成熟区按年度增长较快估算。

③根据2008—2013年避暑休闲地产访客数量得出增长率，计算出时间节点的来访量，即目标群体数量。

④置业比增长率上下限值×时间节点的避暑休闲地产目标群体数量=购买避暑休闲地产的需求增量的上下限值。

第二步：以2013年购买避暑休闲地产的量为基础，作为存量。

第三步：需求量上下限值=增量上下限值-存量。

（3）相关数据。2008—2013年的避暑休闲地产目标群体数量或增长率；2008—2013年避暑休闲地产的销售量。

2. 因子分析预测法

（1）测算思路。根据近几年避暑休闲地产销售数据，采用因子分析法确定影响避暑休闲地产购买的主要因素，建立数学模型，并通过历史数据对模型进行修正，最后采用修正后模型对规划期内避暑休闲地产需求量进行预测。

（2）测算步骤。

第一步：统计近几年避暑休闲地产的销售数据。

第二步：分析购买避暑休闲地产的影响因子（例如：人均GDP、城市化率、私家车拥有量、交通等）。

第三步：进行销售量和因子之间的相关性分析。

第四步：建立面板数据模型，进行预测。

第五步：对模型进行修正。

（3）相关数据。各区县2008—2013年的避暑休闲地产销售情况统计（包括已销售数量、在售数量、批准预售量、未销售数量等）；2013年人均GDP、城市化率、私家车拥有量、交通等相关统计数据，对收集到的数据进行误差值修正、指数平减等相关处理。

3. 需求比例测算法

（1）测算思路。采用问卷调查法进行消费需求调查，问卷内容包括被访者性别、年龄、职业、需求情况、需求户型、需求区域、可接受价格区间等选项，对被访者需求情况进行深入调查，同时通过与避暑休闲地产从业人员、开发企业、销售人员等进行深度访谈，补充和印证调查结果。

（2）测算步骤。

第一步：测算需求规模。

通过调查确定需求群体和需求比例，通过调查中高收入家庭购买需求比例测算需求规模。

第二步：测算建设规模。

$Q_{总} = Q_{住} + Q_{商}$

$Q_{总}$：建筑规模；

$Q_{住}$：住宅建设面积，$Q_{住}$=需求家庭数量×需求比例×套均面积；

$Q_{商}$：商业配套建设面积，由住宅商业配套比例计算得来。

第三步：测算用地规模。

$Y_{总} = Y_{住} + Y_{商}$

$Y_{总}$：用地规模；

$Y_{住}$：住宅用地面积，$Y_{住}$=住宅建设面积÷住宅容积率；

$Y_{商}$：商业配套用地面积，$Y_{商}$=商业配套建设面积÷商业配套容积率。

（3）相关数据。需求人群数量及分布情况，需求比例，购买户型面积，各物业类型平均容积率等数据。

4. 测算方法比较

方法1数据需求量少，计算过程相对简单，但是通过访客数量增长来确定置业比增长率的方法误差较大，最终会导致测算结果不准确；方法2数据需求量较大，数据收集较难，准确性受数据获取性影响较大，计算过程较复杂，结果误差较大。方法3基于问卷调查获得的数据进行需求分析，能够实时、客观地反映市场的需求情况，测算方法简单可行，但问卷的设计及调查的时间段等对问卷调查结果有一定影响。在问卷调查的同时，通过对避暑休闲地产开发企业、物业人员、销售人员等深度访谈，对调查数据进行补充和修正，因此问卷质量能够得到保证。

通过上述比较分析，本研究选择方法3进行需求测算。

二、需求测算

1. 测算思路和方法

（1）新增规模测算。

通过问卷调查获得中高收入家庭现状和购买需求比例，考虑需求比例的动态性，选取城镇家庭人均可支配收入增长率及老龄化率作为修正影响因素，修正测算得到2020年的购买需求比例，将2020年中高收入家庭户数乘以相应的购买需求比例得到2020年避暑休闲地产需求套数。在需求套数的基础上，累加已开发项目销售总量，即得到2020年重庆市避暑休闲地产建设总量。

在2020年重庆市避暑休闲地产需求总量基础上，扣除目前（截至2013年底）已开发项目存量，得到2020年避暑休闲地产新增住宅总量。根据商业配套比例、容积率，测算出2020年避暑休闲地产新增建设规模、用地规模（图3-12）。

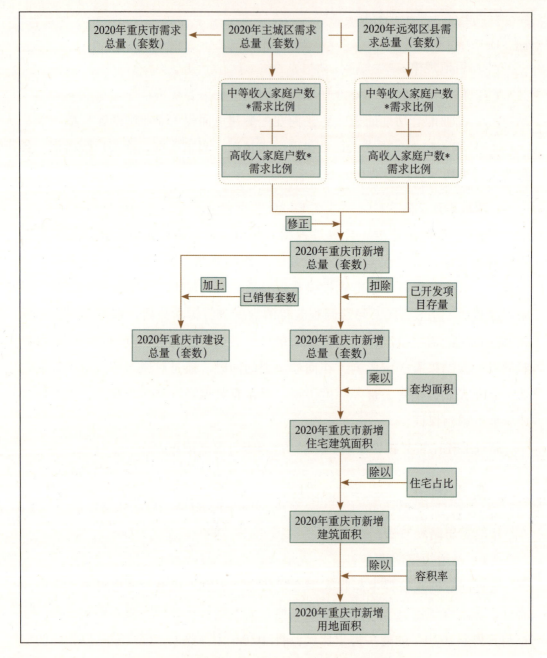

图3-12 2020年重庆市避暑休闲地产发展规模测算流程图

（2）总发展规模测算。

在2020年重庆市避暑休闲地产新增建设面积的基础上，累加已开发项目建设面积，得到2020年避暑休闲地产建设总规模。根据容积率，测算出2020年避暑休闲地产用地规模。

2. 需求规模测算

根据调查，购买避暑休闲地产家庭主要为中高收入家庭，且主城和远郊区县需求比例不同。根据统计部门统计，中高收入居民家庭中，中等收入家庭（家庭年收入为5万～10万元，2012年数据，下同）占40%、高收入家庭（家庭年收入为10万元以上）占20%。

根据重庆各区域发展目标，到2020年重庆主城区城镇人口1098万人、远郊区县城镇人口1206万人，按照户均2.74口人计算，2020年主城城镇家庭数量约为400万户、远郊区县城镇家庭数量约为440万户。

问卷调查显示，主城区中等收入家庭中具有购买避暑休闲地产意愿的家庭约占15.6%，高收入家庭中约为17.3%；远郊区县中等收入家庭中具有购买避暑休闲地产意愿的家庭约占5.0%，高收入家庭中约为5.8%。

鉴于上述需求未考虑动态因素，故采用系数对其修正。在修正系数确定过程中主要考虑居民家庭人均可支配收入增长率、老龄化率（65岁以上）两个影响因素。根据《重庆统计年鉴2013》，得到"居民家庭人均可支配收入"消除价格因素后的年平均增长率为6.05%，"65岁及以上人口数"的年均增长率为0.24%，采用$K_t=[\sqrt{(1+6.05\%)\times(1+0.24\%)}]^t$（其中$t=1$，2，…，6分别对应于2015年、2016年、……、2020年的修正系数。）

得到2020年的需求比例修正系数$K\approx1.2$。

目前，重庆到周边地区购买避暑休闲地产的人数略多于外地来渝购买避暑休闲地产人数，随着重庆市避暑休闲地产供应逐渐增加，预计市内需求流出将逐步减少，需求流入和流出相当，对需求规模测算基本不影响。

根据上述方法测算，2020年重庆市避暑休闲地产的需求总量为63.3万套，其中主城区需求总量为46.6万套，远郊区县需求总量为16.7万套（表3-2）。

表3-2　2020年重庆市避暑休闲地产需求总量测算

区域	2020年城镇家庭户数（万户）	中等收入家庭需求情况		高收入家庭需求情况		需求比例修正系数	区域需求	需求总量（万套）
		占比[1]	需求比例[2]	占比	需求比例			
主城九区	A_1	B_1	C_1	D_1	E_1		$M=A_1\times(B_1\times C_1\times K+D_1\times E_1\times K)$	
	400	40%	15.6%	20%	17.3%	$K=1.2$	46.6	$H=M+N$ $=63.3$
远郊区县	A_2	B_2	C_2	D_2	E_2		$N=A_2\times(B_2\times C_2\times K+D_2\times E_2\times K)$	
	440	40%	5.0%	20%	5.8%		16.7	

3. 开发规模测算

（1）户均面积确定。

调查显示，户均需求建筑面积为49.69平方米。其中购买高端、中端和普通住宅的比例分别为3.9%、23.2%和72.9%，高端、中端和普通住宅平均面积分别为110平方米、70平方米和40平方米，则：

平均户型面积=高端住宅平均面积×高端住宅比例+中端住宅平均面积×中端住宅比例+普通住宅平均面积×普通住宅比例

=110×3.9%+70×23.2%+40×72.9%=49.69平方米

抽样调查已竣工和施工的54个典型项目显示，截至2013年，已竣工和施工避暑休闲地产销售套均面积为51.7平方米，其中已竣工为50.4平方米，施工项目为52.7平方米。

在考虑避暑休闲地产平均需求户型面积和抽样调查套均面积的基础上，结合避暑休闲地产特点，确定避暑休闲地产的套均面积为50平方米。

（2）商业配套比例确定。

抽样调查已竣工和施工的54个典型项目显示，商业配套比例约占8%。

---

[1] 数据来源于《重庆统计年鉴2013》。
[2] 数据来源于重庆市避暑休闲地产需求调查问卷。

通过和开发商座谈了解，避暑休闲地产的商业配套主要使用时间为夏季避暑高峰期，其他季节处于闲置状态，现状配套8%的比例能够满足使用，为了避免过多配置造成资源浪费，确定避暑休闲地产的商业配套比例为8%。

（3）容积率确定。

项目容积率：通过已建和在建避暑休闲地产项目的调查，避暑休闲地产项目平均容积率为1.17，为确保避暑休闲地产建筑风貌、形态、密度、高度等与周边生态环境相协调，同时也为了保证避暑休闲地产居住舒适性，项目容积率原则上不大于1.2。

综合容积率：抽样调查已竣工和施工的54个典型项目显示，综合容积率为0.86，其中已竣工项目为0.96，施工项目为0.79。

考虑到避暑休闲地产基本公共设施配套，结合对已开发项目的舒适度和平均容积率的调查，在测算用地规模时，按照片区综合容积率0.8测算用地规模。

4. 建筑规模和用地规模测算

（1）增量。

2020年重庆市避暑休闲地产需求总量为63.3万套，累加已开发项目销售总量12.2万套，得到2020年避暑休闲地产总量约为75.5万套。

在63.3万套基础上，扣除已开发项目存量9.1万套，得到2020年避暑休闲地产新增住宅总量54.2万套。

根据商业配套比例8%、容积率0.8，测算出2020年避暑休闲地产新增建设规模为2946万平方米、用地规模为3682公顷。具体测算过程详见表3-3。

表3-3　重庆市避暑休闲地产建设规模测算表

需求总量（万套）	已开发项目存量（万套）			新增总量（万套）	新增建设规模总量（万平方米）	新增用地规模总量（公顷）
		已竣工项目存量	施工项目存量			
A	H= H_1+ H_2	H_1	H_2	J=A-H	M=J×50/0.92	N=M/0.8
63.3	9.1	0.2	8.9	54.2	2946	3682

（2）总量。

在2020年重庆市避暑休闲地产新增建设规模2946万平方米的基础上，累加已开发项目建设1161万平方米，得到2020年重庆市避暑休闲地产建设面积为4107万平方米。

根据综合容积率0.8，测算得到2020年重庆市避暑休闲地产用地规模为4676公顷。具体测算过程详见表3-4。

表3-4　2020年重庆市避暑休闲地产新增建设规模测算表

年份	新增规模		已开发项目规模		总规模	
	建设规模（万平方米）	用地规模（公顷）	建设规模（万平方米）	用地规模（公顷）	建设总规模（万平方米）	用地总规模（公顷）
	A	B	C	D	E=A+C	F=B+D
2020年	2946	3682	1161	994	4107	4676

第四章　重庆市避暑休闲地产选址标准

第一节　宏观选址要求

从宏观层面看，避暑休闲地产的选址主要是空间区位的选址。避暑休闲地产的发展主要依托舒适宜人的气候条件，故选址需首要考虑气候因素的影响。重庆具有典型河谷山地地貌特征，夏季宜人的避暑气候区一般均位于海拔较高山区，一方面，连接道路具有选线单一、拓宽困难等不利制约因素，其容纳能力受公路的交通承载力制约；另一方面，海拔较高山区很难有大型河流或过境水资源支撑，而远距离调水经济技术可行性不大，其主要的供水水源应以当地水资源（一般是水库、山泉水和地下水）为主。因此，交通和水资源承载力是决定避暑休闲地产能否选址建设及可建规模的主要制约条件。

一、避暑气候资源区域

1. 避暑气候资源综合评价

（1）避暑气候资源评价指标选取的原则。

构建避暑气候资源评价指标体系，选择的指标应能够客观地反映重庆市区域内避暑气候资源特征，在选择评价指标时应遵循以下原则：

第一，全面性原则。为了达到对避暑气候资源综合评价的要求，评价指标选取应全面、客观、科学。

第二，主导性原则。避暑气候资源评价受气温、海拔、日照等多种因素的制约，不同地区主导因素各异。因此，针对不同区域的自然环境特点，选取对避暑气候资源起主导性作用的评价指标，从而使评价结果更具真实性和可靠性。

第三，稳定性原则。评价指标选取应考虑相对稳定性，所选指标应稳定反映避暑气候资源特征。

第四，可操作性原则。评价指标选取应考虑数据可获取性，以便于数据处理。

（2）避暑气候资源评价指标体系的构建及权重确定。

按照评价指标选取原则，最终选取气温、海拔、湿度、风速、日照、降水量6项评价指标，作为构建避暑气候资源评价指标体系的主要指标，并以此选取具备避暑气候资源区域（表4-1）。

表4-1　重庆市避暑气候资源评价指标体系及权重表

目标层	指标层	权重（%）
重庆市避暑气候资源评价	气温	60
	海拔	5
	湿度	10
	风速	5
	日照	10
	降水量	10

（3）各评价指标分析及分值确定。

根据重庆市避暑资源评价指标体系，分别对气温、海拔、湿度、风速、日照、降水量等6个指标进行分析并对其标准化赋值。

①气温分析。

气温的分布差异与人们的生活息息相关，它是人居环境中最重要的气候因子之一，同时也是避暑气候资源评价指标体系中尤为重要的因子。

相关研究表明，夏季最舒适的气温是24℃。鉴于重庆市最热月平均气温位于13～30℃，若最热月平均温度大于25℃，每增加1℃做减分处理；小于16℃，每减少1℃也做减分处理。按此方法对温度指标进行标准化处理，将最热月平均温度16～24℃赋值100分，每升高1℃减少20分，每减少1℃减少10分。

气温与海拔高度的关系十分密切，因而分析气温数据的同时还需综合考虑海拔高度。根据重庆市多年7月平均气温分布，运用3D Analyst中的矢量转栅格工具，将其栅格化处理。然后根据气温垂直递减率（海拔每上升100米气温值下降0.6℃），叠加重庆市90米×90米DEM（数字高程模型）数据，以7月平均气温最高气温栅格单元海拔高度为基点，计算出重庆市7月平均气温综合栅格数据，并绘制重庆市多年7月气温区域分布栅格图（图4-1）。

②海拔分析。

随着海拔高度的变化，气温和气压也随之发生变化。根据人体生理实验研究表明，最适合人类生存的海拔是500～2500米，适合人类生存的大气压范围是750～950百帕。所以海拔1000米为最佳高度。

根据重庆市DEM数据，重庆市的海拔范围在53～2778米。根据最适宜海拔1000米的理论，将海拔位于950～1050米之间的区域赋值100分，每升高或降低200米，减少10分，计算出重庆市高层分布数据，并绘制重庆市海拔因子区域分布栅格图(图4-2)。

③湿度分析。

湿度是宜居环境中必不可少的因子，也是避暑气候资源评价中的一个重要指标。根据相关研究表明，人体最舒适相对湿度为70%。根据重庆市多年年平均相对湿度数据，结合避暑气候资源评价指数（相对湿度>80%，每增加5%减分；<60%，每减少5%减分），对年平均相对湿度值进行标准化处理，将相对湿度60%～80%赋值100分，每增加或降低5%减少20分。将重庆市多年年平均相对湿度数据，运用3D Analyst中的矢量转栅格工具，将其按分值字段栅格化处理，绘制重庆市多年年平均相对湿度评分分值栅格图（图4-3）。

④风速分析。

风速是避暑资源评价中的一个重要指标。研究表明，人体最舒适的风速为3米/秒左右，即风力等级处于二级或三级。根据重庆市多年年平均风速数据，结合避暑气候资源评价指数，平均风速>3米/秒，每增加0.5米/秒，减分；或<2米/秒，每减少0.5米/秒，减分，对年平均风速值进行标准化处理，将平均风速为2～3米/秒赋值100分，每增加或减少0.5米/秒，减少10分。

将重庆市多年年平均风速数据，运用3D Analyst中的矢量转栅格工具，将其按分值字段栅格化处理，计算重庆市年平均风速的栅格数据，并绘制重庆市多年年平均风速评分分值栅格图（图4-4）。

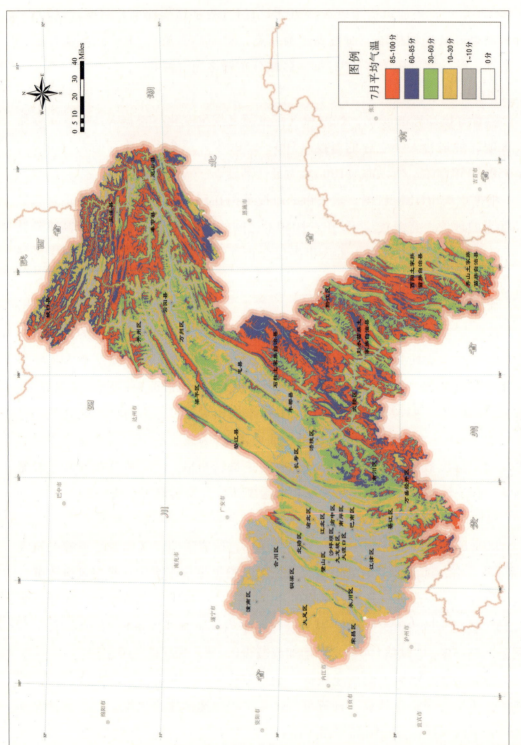

图4-1 重庆市7月平均气温评分值栅格图

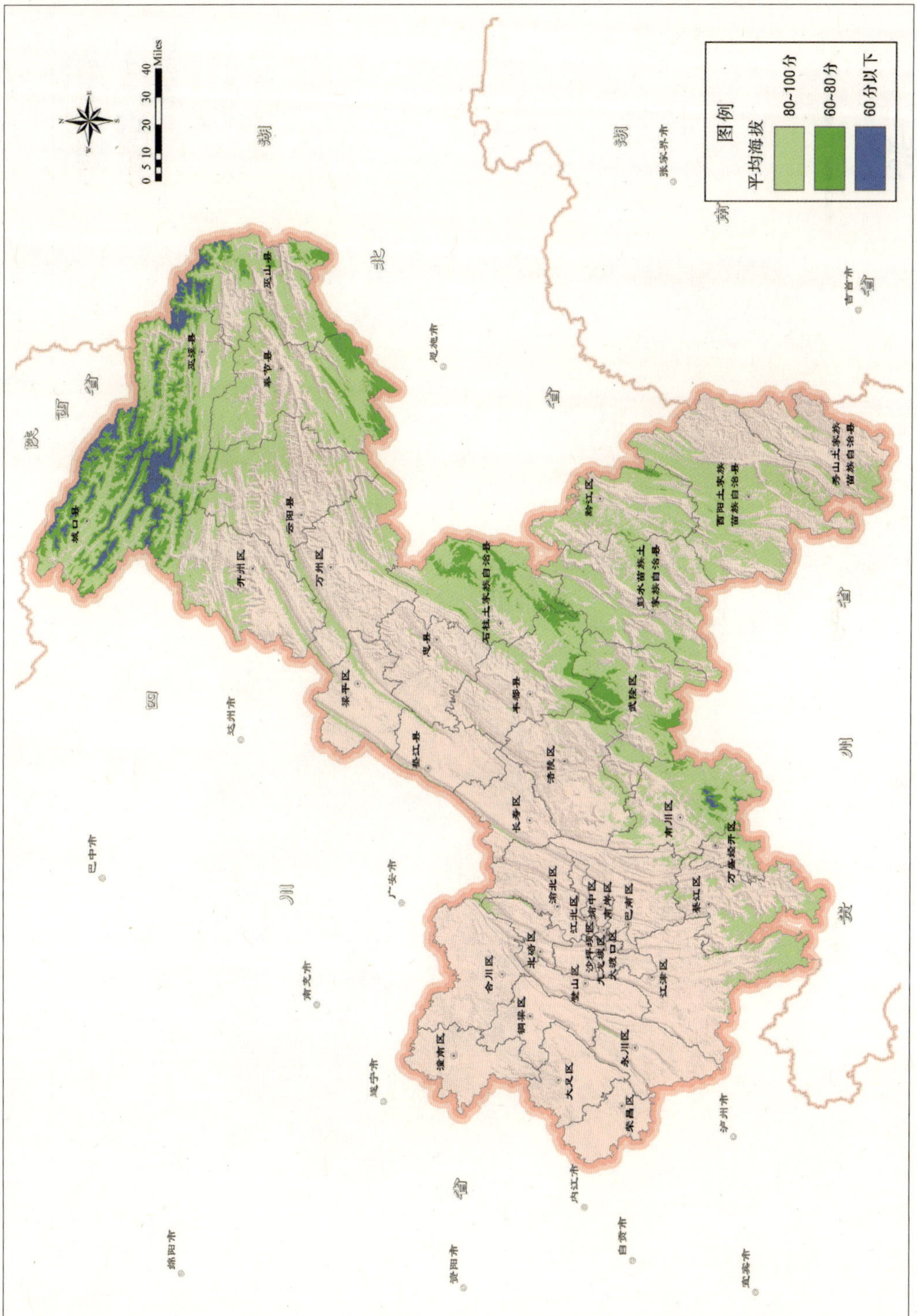

图例

平均海拔

80~100分
60~80分
60分以下

图4-2　重庆市海拔因子评分分值栅格图

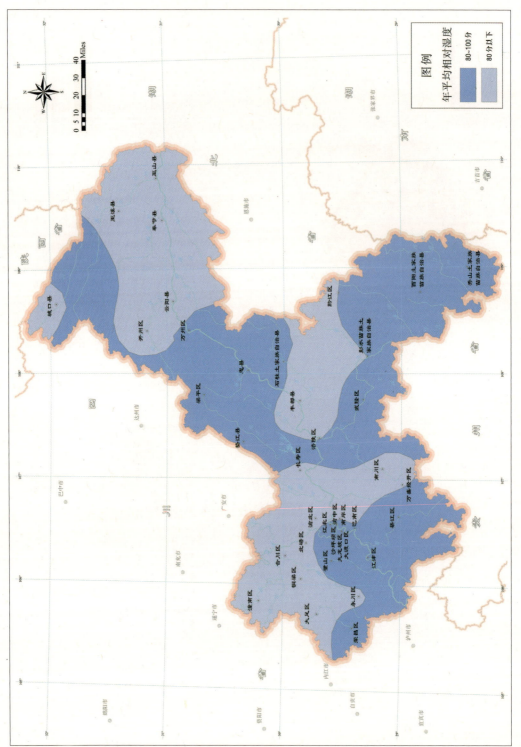

图4-3 重庆市年平均相对湿度评分值栅格图

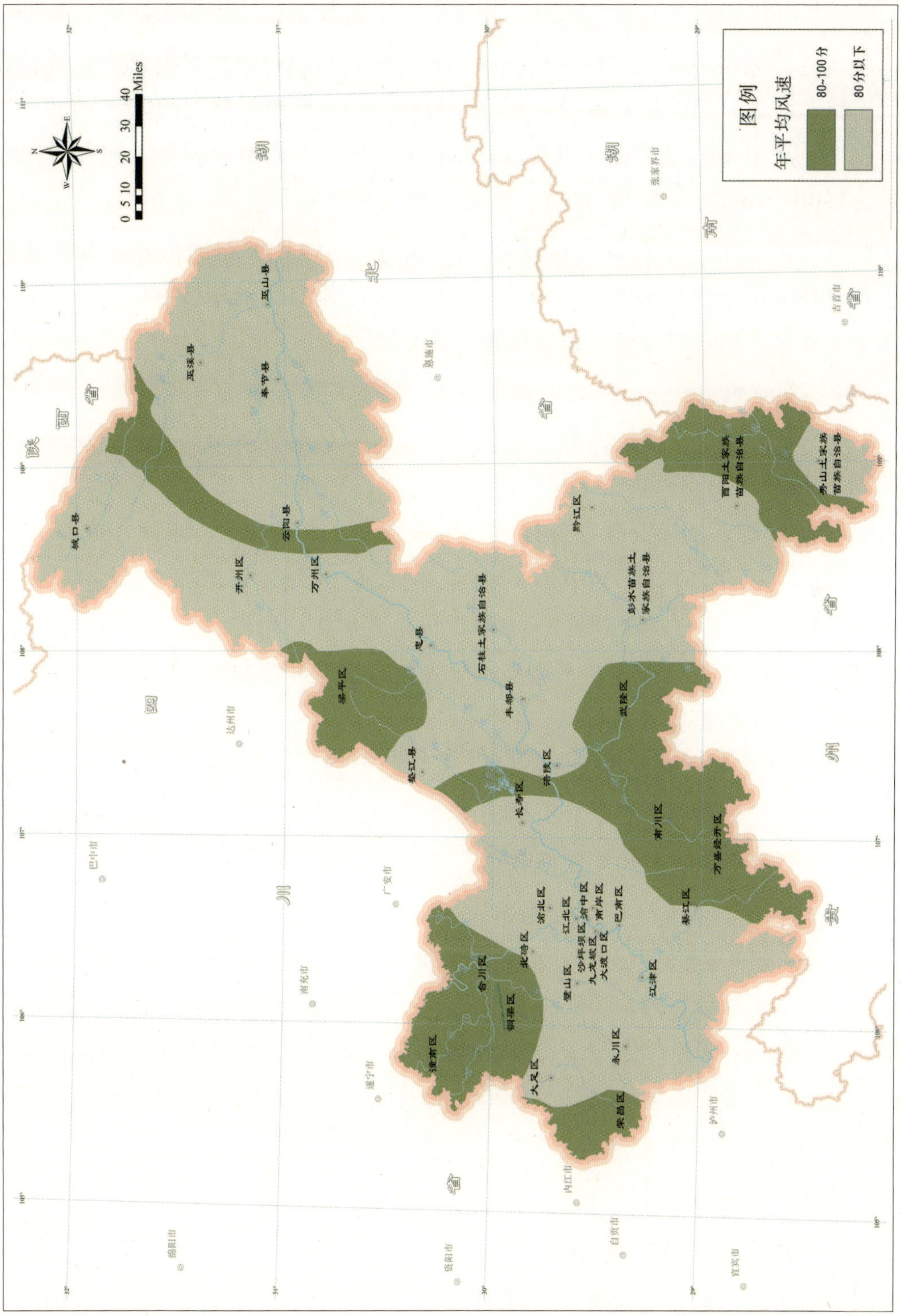

图4-4 重庆市年平均风速评分分值栅格图

⑤日照分析。

年日照时数是影响避暑气候资源评价的一个重要指标。据相关研究，某种程度上年日照时数与紫外线辐射量呈正相关关系，所以年日照时数越多，紫外线辐射就会越强，越不适宜避暑，较为适宜避暑的年日照时数为1200～1600小时。根据重庆市多年年平均日照时数，结合避暑气候资源评价指数，将年日照时数为1200～1600小时赋值100分，每增加或减少200小时，减少20分。

将重庆市多年年平均日照时数数据，运用3D Analyst中的矢量转栅格工具，将其按分值字段栅格化处理，计算重庆市年平均日照的栅格数据，并绘制重庆市多年年平均日照评分分值栅格图（图4-5）。

⑥降水量分析。

年降水量的多少直接影响到该地区的干湿度，从而影响到游客的舒适度。一般认为年降水量在800～1200毫米较为舒适。根据重庆市多年年平均降水量数据，结合避暑气候资源评价指数，年降水量>1200毫米，减分，或<800毫米，减分，将年降水量为800～1200毫米赋值100分，每增加或减少100毫米，减少20分。运用矢量转栅格工具将重庆市多年年平均降水量数据按分值字段转栅格，计算重庆市多年年平均降水量栅格数据，并绘制重庆市多年年平均降水量评分分值栅格图（图4-6）。

（4）避暑气候资源评价及等级划分。

通过对各个评价指标分析，分别计算出气温、海拔、湿度、风速、日照、降水量等6个指标90米×90米栅格数据，运用Arcgis9.3空间分析中的栅格计算器工具，通过综合加权模型，避暑资源=气温×60%+（海拔+风速）×5%+（湿度+日照+降水量）×10%，计算各个栅格单元的分值，得到整个重庆市避暑气候指数，剔除综合得分70分以下区域，绘制出避暑资源分布图（图4-7），并把重庆市具备避暑气候资源分布区域划分为最适宜避暑区域（综合得分90～100分）、适宜避暑区域（综合得分80～90分）和较适宜避暑区域（综合得分70～80分）三个等级。

2.避暑气候资源分布

（1）避暑气候资源分布特征。

通过对重庆市避暑气候资源调查和综合评价，全市具备避暑气候资源的区域面积为2.7万平方千米，主要集中在大娄山、大巴山、武陵山等山脉，涉及

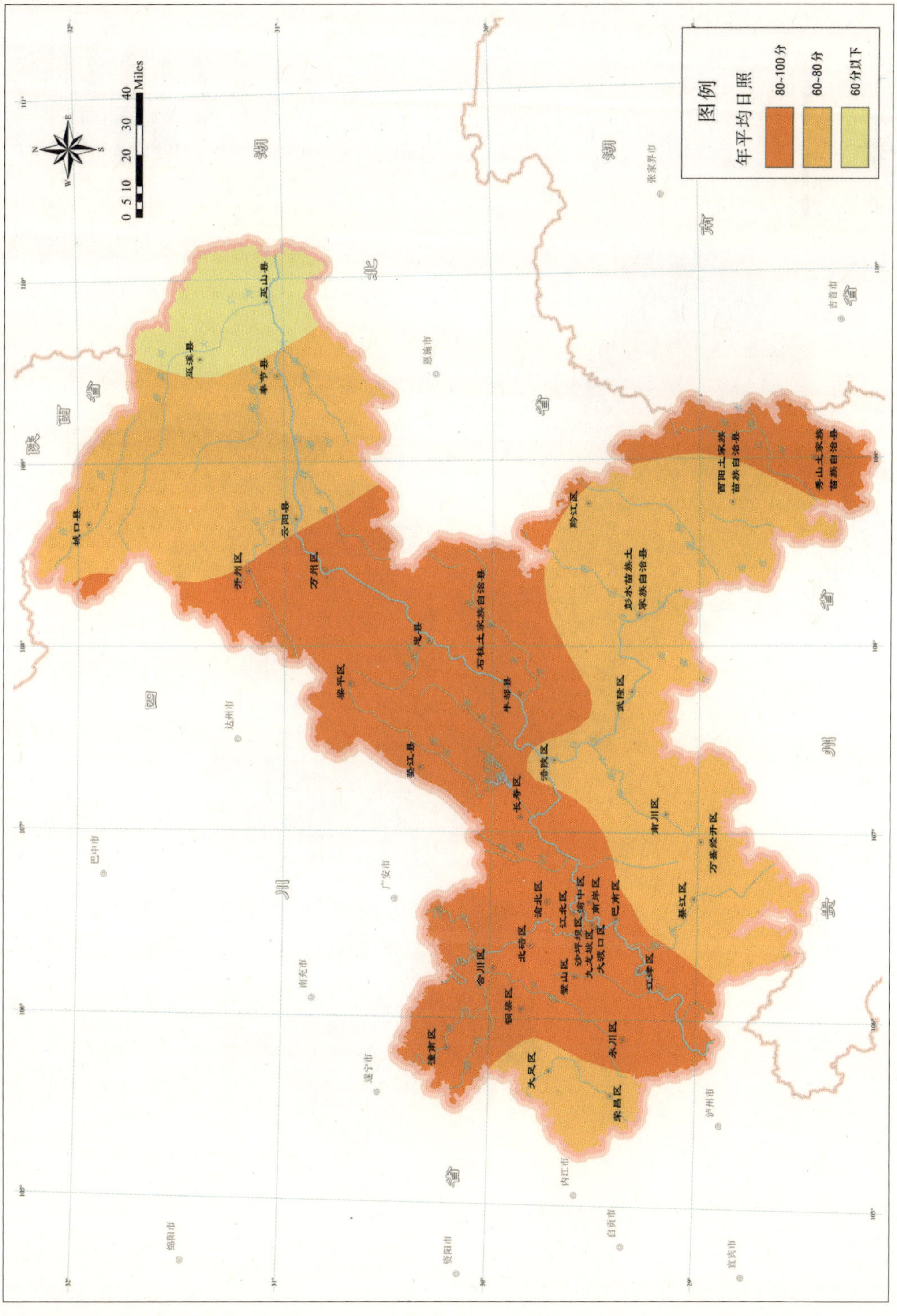

图4-5　重庆市年平均日照评分值栅格图

图例

年平均日照

80-100分

60-80分

60分以下

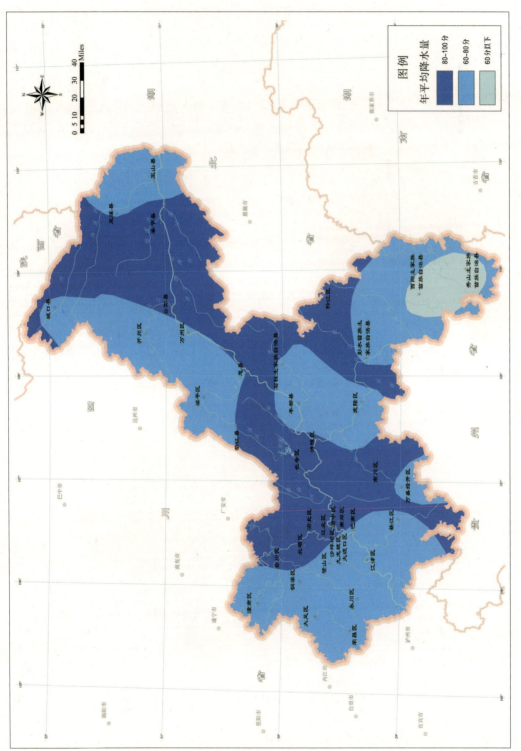

图4-6 重庆市年平均降水量评分值栅格图

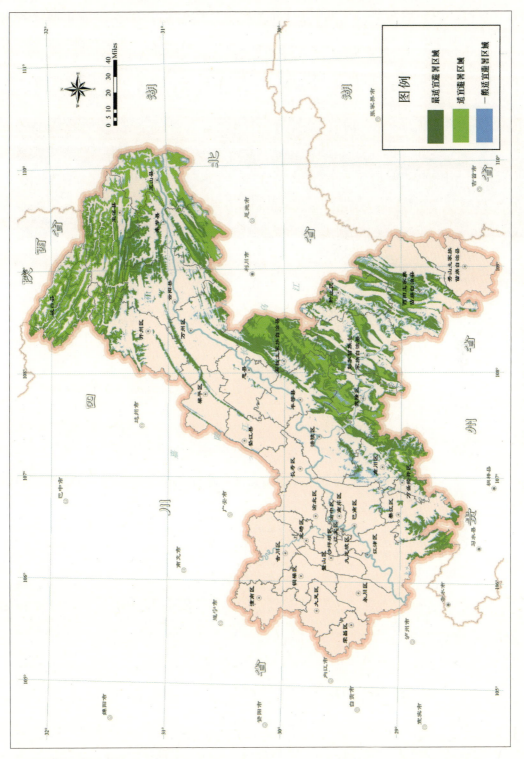

图4-7 重庆市具备避暑气候资源区域分布图

23个区县(自治县、经济开发区)。其中主城区和渝西片区面积约0.3万平方千米,约占11.6%;渝东北片区面积约1.4万平方千米,约占50.6%;渝东南片区面积约1万平方千米,约占37.8%(表4-2)。

表4-2 重庆市避暑气候资源面积统计表

区域名称	区县名	避暑气候资源分布区域									
		最适宜		适宜		较适宜		小计		合计	
		面积(平方千米)	比例(%)	面积(平方千米)	比例(%)	面积(平方千米)	比例(%)	面积(平方千米)	比例(%)	面积(平方千米)	比例(%)
主城区和渝西片区	巴南区	19.4	0.2	0.0	0.0	49.2	0.8	68.6	0.3	3174.0	11.6
	涪陵区	188.0	1.5	68.9	0.8	153.8	2.4	410.7	1.5		
	江津区	319.3	2.5	66.1	0.8	92.8	1.5	478.2	1.8		
	南川区	758.1	5.9	258.6	3.2	427.4	6.8	1444.1	5.3		
	綦江区	372.1	2.9	7.7	0.1	203.0	3.3	582.8	2.1		
	万盛经开区	111.2	0.9	34.8	0.4	43.6	0.7	189.6	0.7		
渝东北片区	万州区	465.0	3.6	47.3	0.6	284.5	4.6	796.8	2.9	13809.4	50.6
	梁平区	64.1	0.5	0.0	0.0	97.4	1.5	161.5	0.6		
	城口县	717.9	5.6	1326.4	16.2	364.2	5.8	2408.5	8.8		
	丰都县	505.0	3.9	386.7	4.7	201.0	3.2	1092.7	4.0		
	垫江县	16.4	0.1	3.8	0.1	36.4	0.6	56.6	0.2		
	忠县	29.4	0.2	4.5	0.1	43.8	0.7	77.7	0.3		
	开州区	615.8	4.8	320.8	3.9	327.3	5.2	1263.9	4.6		
	云阳县	620.5	4.8	90.5	1.1	327.8	5.2	1038.8	3.8		
	奉节县	1298.2	10.1	806.9	9.8	462.0	7.4	2567.1	9.4		
	巫山县	72.4	0.6	1151.9	14.1	374.0	6.0	1598.3	5.8		
	巫溪县	1005.9	7.8	1260.4	15.4	481.2	7.7	2747.5	10.1		

区域名称	区县名	避暑气候资源分布区域									
		最适宜		适宜		较适宜		小计		合计	
		面积（平方千米）	比例（%）	面积（平方千米）	比例（%）	面积（平方千米）	比例（%）	面积（平方千米）	比例（%）	面积（平方千米）	比例（%）
渝东南片区	黔江区	688.7	5.4	139.8	1.7	403.6	6.4	1232.1	4.5	10281.5	37.8
	武隆区	835.2	6.5	702.6	8.6	317.2	5.1	1855.0	6.8		
	石柱县	1312.2	10.2	853.2	10.4	210.8	3.4	2376.2	8.7		
	秀山县	239.0	1.9	13.4	0.2	146.7	2.4	399.1	1.5		
	酉阳县	1365.0	10.6	313.0	3.8	737.3	11.8	2415.3	8.9		
	彭水县	1212.7	9.5	323.8	4.0	467.3	7.5	2003.8	7.4		
合计		12831.5	100.0	8181.1	100.0	6252.3	100.0	27264.9	100.0	27264.9	100

在主城区和渝西片区中，避暑气候资源分布面积最大的为南川区，总量达1444.1平方千米。其中，最适宜、适宜和较适宜避暑资源区域面积分别达到758.1平方千米、258.6平方千米和427.4平方千米，均为渝西片区中避暑气候资源面积最大。

在渝东北片区中，避暑气候资源分布面积最大的为巫溪县，总量达2747.5平方千米。最适宜避暑气候资源分布面积最多的为奉节县，总量达1298.2平方千米；适宜避暑气候资源分布面积最多的为城口县，总量达1326.4平方千米；较适宜避暑气候资源分布面积最多的为巫溪县，总量达481.2平方千米。

在渝东南片区中，避暑气候资源分布面积最大的为酉阳县，总量达2415.3平方千米。最适宜和较适宜避暑气候资源分布面积最多的也是酉阳县，分别达1365.0平方千米、737.3平方千米；适宜避暑气候资源分布面积最多的为石柱县，面积达853.2平方千米（表4-2、图4-8）。

（2）重庆市避暑气候资源区位特征分析

通过对重庆市避暑气候资源区位特征分析，距离主城区1时车程的避暑气候资源分布面积有283.3平方千米，占总避暑气候资源分布面积1.0%；距离2时车程的避暑气候资源分布面积有4500平方千米，占总避暑气候资源分布面积

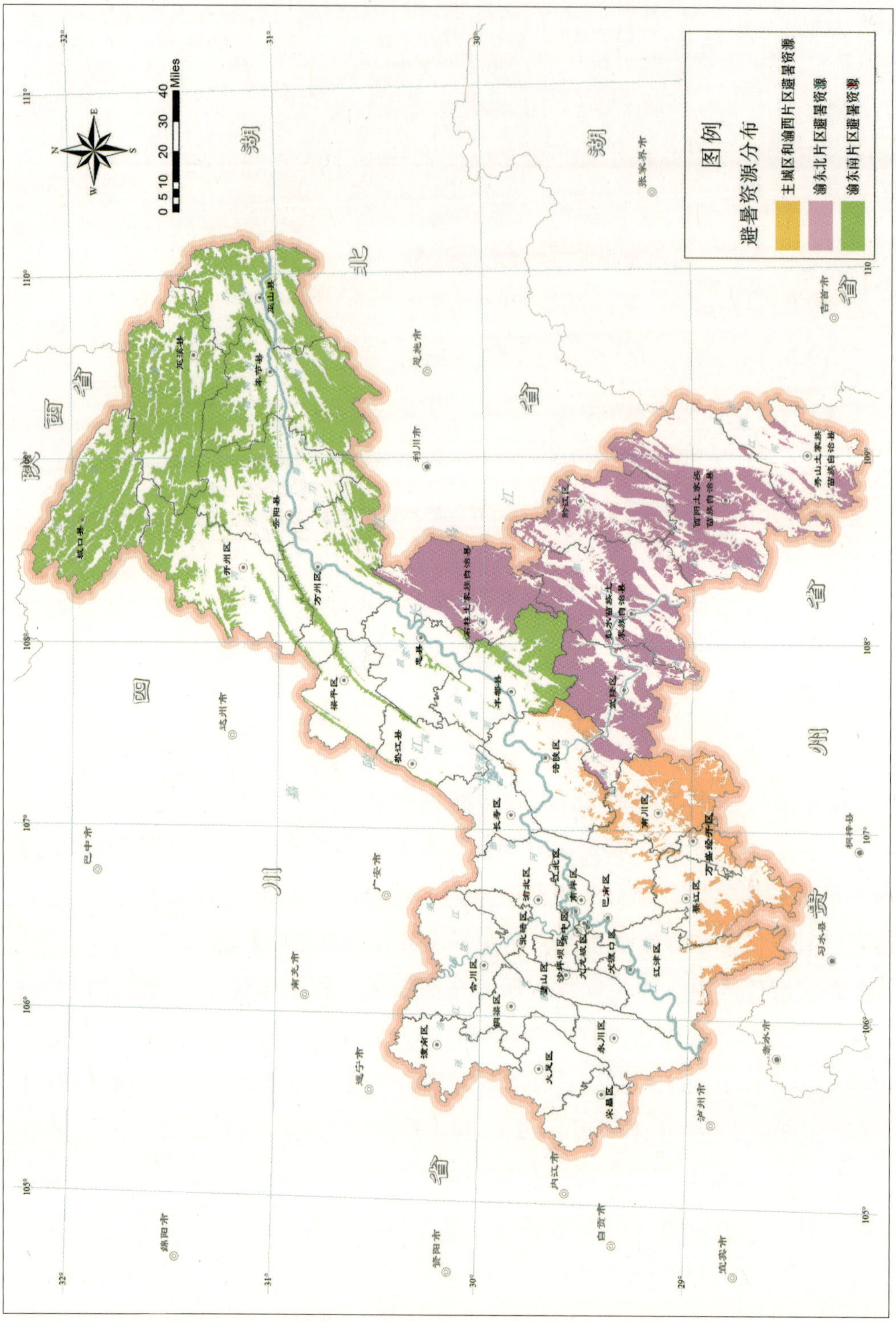

图4-8 重庆市各片区避暑气候资源分布图

16.5%；距离3时车程的避暑气候资源分布面积有9083.6平方千米，占总避暑气候资源分布面积33.3%。距离主城3时车程内的避暑气候资源，与主城区主体消费市场较近，具有较好的区位优势（图4-9）。

距离万州中心城市1时车程的避暑气候资源分布面积有1916.3平方千米，占总避暑气候资源分布面积7.0%；距离2时车程的避暑气候资源分布面积有10993.9平方千米，占总避暑气候资源分布面积40.3%；距离3时车程的避暑气候资源分布面积有20300.3平方千米，占总避暑气候资源分布面积74.46%。距离万州2时车程内的避暑气候资源，与万州次级消费市场较近，具有一定的开发优势（图4-10）。

距离黔江区中心城市1时车程的避暑气候资源分布面积有3698.0平方千米，占总避暑气候资源分布面积13.6%；距离2时车程的避暑气候资源分布面积有11377.0平方千米，占总避暑气候资源分布面积41.7%；距离3时车程避暑气候资源分布面积有16873.1平方千米，占总避暑气候资源分布面积61.9%。距离黔江1时车程内的避暑气候资源，与黔江次级消费市场较近，具有一定的开发优势（图4-11）。

二、交通条件

1.交通可达性

根据重庆市综合交通规划的交通出行分布及日均出行次数等数据，考虑周边避暑区域分布差异及经济因素，重庆主城区和渝西片区内避暑需求较大，避暑出行次数远高于渝东北片区、渝东南片区。因此，本次研究以主城区和渝西片区为原点，对市域及周边省市的交通通达时间进行统计分析（表4-3）。

表4-3 重庆市内及周边省市通达时间表

重庆市区出发		公路		铁路	
		距离（千米）	时间（时）	距离（千米）	时间（时）
四川	达州	174.2	2.5	242	3
	广安	91.8	1.5	131	1.5
	巴中	267.3	3.5	796	12
	广元	291.8	4	634	7.5

续表

重庆市区出发		公路		铁路	
		距离(千米)	时间(时)	距离(千米)	时间(时)
贵州	赤水	115.3	1.5	—	—
	习水	142.5	2	—	—
	桐梓	128.3	2	247	4.5
	正安	153	2	—	—
	遵义	175.9	2.5	308	6
	贵阳	298.3	3.5	463	9
湖北	宜昌	476	6	553	4.5
	利川	234.2	3	278	2.5
	神农架	564.1	7.5	—	—
重庆	1时车程可达：合川、潼南、铜梁、大足、荣昌、永川、璧山、江津、綦江、南川、长寿、涪陵				
G50 (沪渝高速)	垫江	87	1.5	—	—
	丰都	109	1.5	134	1
G50 (沪渝高速)	忠县	150.9	2	—	—
	石柱	187	2.5	183	1.5
G65 (渝湘高速)	武隆	122	1.5	167	2
	彭水	170	2	216	2.5
	黔江	229	3	280	3.5
	酉阳	306	4	362	4.5
	秀山	357	4.5	406	5
G42 (渝宜高速)	梁平	151	2	331	4
	万州	217	2.5	399	5.5
	云阳	254	3	—	—
	开州	256	3	—	—
	奉节	329	4	—	—
	巫山	367	4.5	—	—
	巫溪	372	4.5	—	—
	城口	377	4.5	—	—

注：此表格数据截至2014年7月1日。

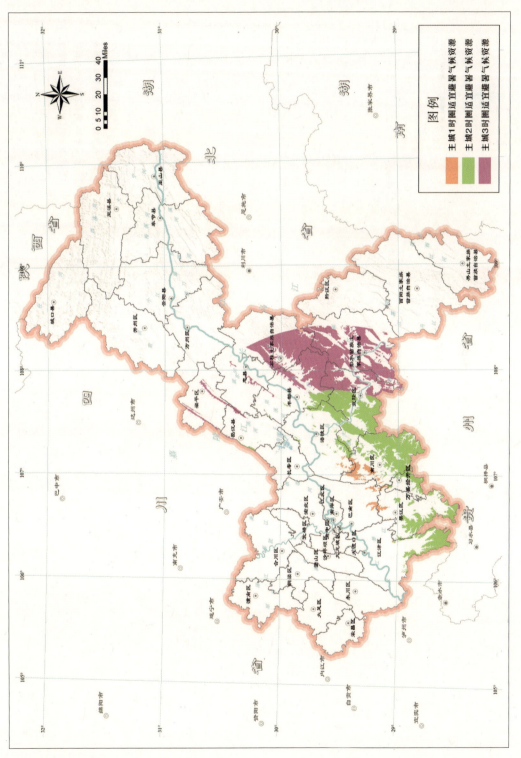

图例

主城1时圈适宜避暑气候资源
主城2时圈适宜避暑气候资源
主城3时圈适宜避暑气候资源

图4-9 重庆市主城区3时车程内避暑气候资源分布图

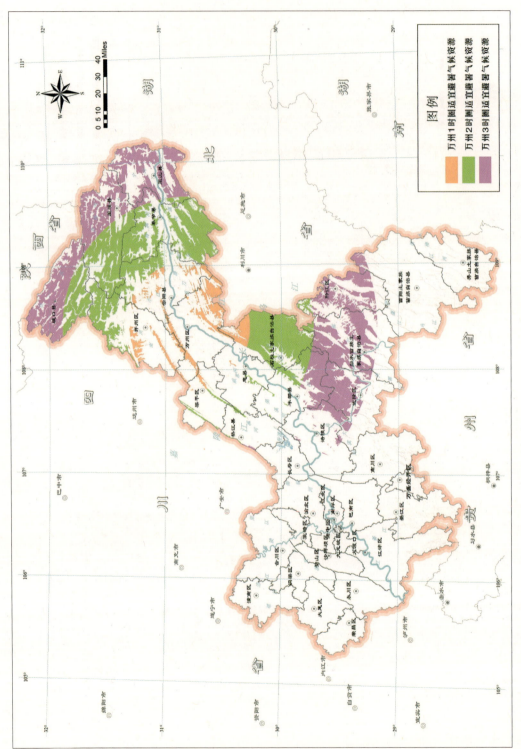

图4-10 重庆市万州区3时车程内避暑气候资源分布图

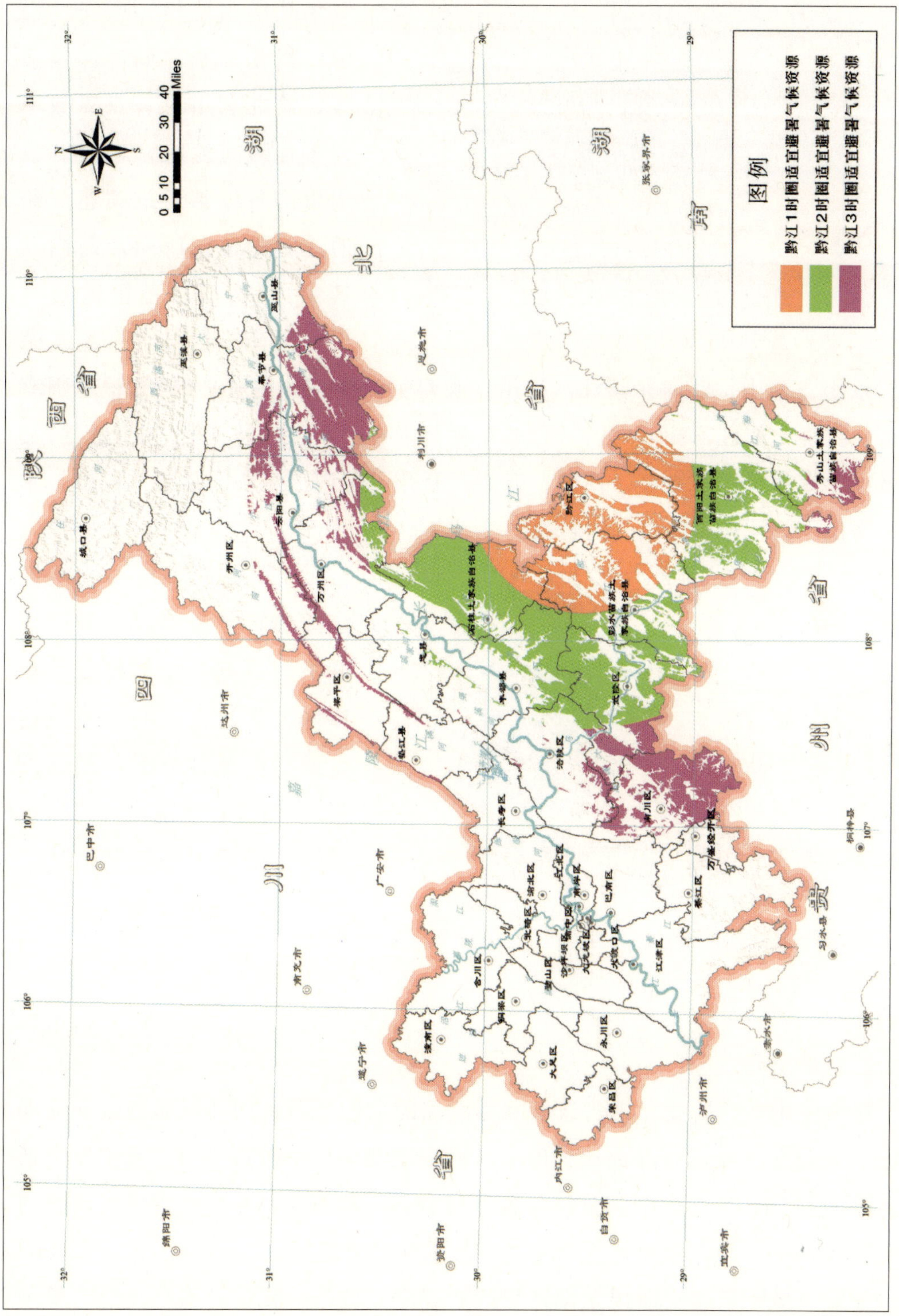

图4-11 重庆市黔江区3时车程内避暑气候资源分布图

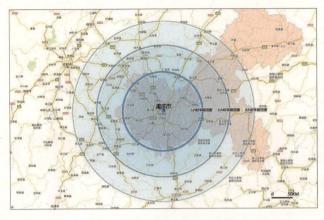

图4-12　重庆市区3时通达圈

通过统计分析，周边省市包括四川达州、广安、巴中，贵州赤水、桐梓、遵义等，湖北利川避暑点多数单程车程时间为1.5～4时。重庆市内各区县通过高速公路通达时间也在1～4.5时内，其中：1时车程范围内有合川、潼南、铜梁、大足、荣昌、永川、璧山、江津、綦江、南川、长寿、涪陵12个区县；2时车程范围有丰都、武隆、垫江，3个区县；2.5时车程范围有彭水、忠县、梁平6个区县；3时及以上车程范围有黔江、酉阳、万州、开州、云阳、巫山、巫溪、城口、奉节、秀山、石柱11个区县（图4-12）。

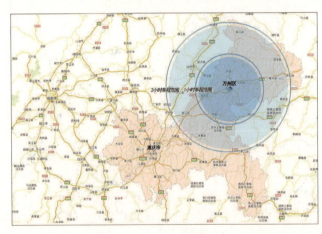

图4-13　万州2时通达圈

根据重庆市夏季炎热区域分布特点及客源市场调查分析，将万州作为原点，对市域及周边省市的交通通达方式进行统计分析。距离万州区1时车程范围内有开州、梁平、云阳、石柱等区县；2时车程范围有丰都、巫溪、城口、奉节、垫江等区县（图4-13）。

2. 交通承载力

避暑休闲地产首要考虑营造安静、清凉的度假环境，因而需适当舍弃交通便利性，避免直接选择在高速公路出口或主要交通要道附近，但距离主要交通要道不宜过远，以不大于30分钟为宜。对避暑人群而言，希望能享受其清新的空气及安静的环境，但还需充分考虑交通承载力的制约。

按照《城市道路交通规划设计规范》规定，城市道路设计通行能力为单项每条车道800～1000PCU/时。避暑休闲地产上山公路一般为双向两车道，故理论上交通承载能力为8000 PCU／日，按3.5人／车估算。考虑避暑高峰期人群通达及疏散问题，规划人口不宜超过2.8万～3万人。

本研究选取其中一项强制性指标进行控制：规划人口=常住人口+避暑休闲流动人口。规划人口超过3万人，则需新建项目对外通道。

三、水资源保障

在避暑休闲区域选址时，必须考虑到周边具有良好的、充足的水源条件；现有或规划的水源设施可供水量，首先必须能够满足居民人均用水需求。

根据《城市给水工程规划规范》《镇规划标准》，小城市（二区，重庆所在区域）人均综合用水量不得低于230升／人·日，镇（建筑气候区划Ⅴ区，重庆所在区域）人均综合用水量应能维持在150～350升／人·日；水库或山泉水作为供水水源时，其设计枯水流量的年保证率不宜低于90%；同时水源尽量能够自流供水。

考虑到避暑休闲区域游客人数、停留时间的不确定性，避暑休闲区域已建的和规划的供水水源应该能够保证人均400升／人·日的用水量。在人均用水量估算中，人口数量应为当地常住人口再加上避暑休闲居民人口的一定百分比，或根据避暑休闲地产可容纳居民人数确定。

第二节　中观选址要求

中观层面，避暑休闲地产的选址主要是具体建设用地的布局选址。避暑休闲地产的用地布局选址首先需满足用地适宜性要求。同时，因其具有季节性强、瞬时性消费力度大等特点，要求其选址应充分考虑对现有城镇或者风景名胜区、森林公园等资源的利用，依托既有城镇的公共服务设施和基础设施，既节约建设成本也有利于尽快启动近期建设。

一、适宜的用地条件

1. 相关标准

《重庆市城乡规划居住用地规划导则(试行)》规定居住用地布局需满足以下要求：

（1）综合考虑土地价值、交通可达性、相邻用地的功能、周边环境、公共服务设施和城市特色等布局居住用地。

（2）居住用地布局应与城市轨道等公共交通基础设施布局相结合，与邻近住宅区及城市干道有方便的联系，以鼓励居民使用公共交通工具。

（3）居住用地应具有适宜居住的自然环境条件和适于建设的地形，要布局在常年风向上风向、大气污染源的常年最小风向频率的下风侧，以及水污染源的上游，优先选用向阳坡和通风良好的地段。

（4）居住用地要避免选址在各种自然灾害区，如地震断裂带、岩溶地段、沙土液化区、活动性冲沟、采空区、软基、滑坡崩塌区、洪水淹没区、内涝低洼地区等；应避开雷区，以及涉及国家安全地区、军事禁区、水源保护区、水源涵养区、文物古迹及风景名胜保护区、自然保护区、地下文物埋藏、基本农田保护区、四山控制地区、危险品仓库区等的城市蓝线、紫线、黄线、绿线保护范围。

（5）居住用地不应占用规划确定的城市非建设用地和组团隔离带。

（6）在集中工业区中不宜布置居住区。

2. 选址要求

（1）满足用地适宜性要求。

避暑休闲地产选址应考虑避暑休闲地产建设限制因素，坡度25%以上的区域不宜规模建设，在地质灾害高发区域、国家及市级自然保护区、世界自然遗产、国家及市级风景名胜区、国家及市级森林公园、国家湿地公园、国家地质公园、重要水源地、重要水源水库及其保护区等核心区域、基本农田保护区、土规管制的禁建区等禁止开发建设区域，不宜建设避暑休闲地产。在重庆市避暑气候资源区域基础上，确定重庆市避暑休闲地产可供发展建设用地，涉及巴南区、涪陵区、江津区、南川区、綦江区、万盛经开区、万州区、梁平区、城口县、丰都县、垫江县、忠县、开州区、云阳县、奉节县、巫山县、巫溪县、黔江区、武隆区、石柱土家族自治县、酉阳土家族苗族自治县、彭水苗族土家族自治县等22个区县（自治县、经济开发区）（表4-4）。

表4-4　重庆市避暑休闲地产可供发展建设用地分布表

适宜开发区域	区县名	可供发展建设用地面积（公顷）	占总面积比例
渝南大娄山适宜开发区域	巴南区	601.96	6.0%
	涪陵区	411.9	4.1%
	江津区	1114.03	11.1%
	南川区	1137.38	11.4%
	綦江区	503.07	5.0%
	万盛经开区	648.03	6.5%
	小计	4416.37	44.1%
渝东北大巴山适宜开发区域	万州区	681.90	6.8%
	梁平区	123.35	1.2%
	城口县	853.60	8.5%
	丰都县	467.67	4.7%
	垫江县	125.20	1.2%
	忠县	262.84	2.6%
	开州区	197.00	2.0%
	云阳县	153.60	1.5%
	奉节县	259.07	2.6%
	巫山县	239.47	2.4%
	巫溪县	282.09	2.8%
	小计	3645.79	36.4%
渝东南武陵山适宜开发区域	黔江区	353.96	3.5%
	武隆区	341.98	3.4%
	石柱县	626.28	6.2%
	酉阳县	398.41	4.0%
	彭水县	237.75	2.4%
	小计	1958.38	19.5%
合计		10020.54	100%

（2）区位条件。

在满足避暑群体日常生活需求的同时，尽量减少因季节性影响可能导致的重复配置、资源浪费等问题。建议避暑休闲地产选址宜临近景区服务中心，依托场镇和景区，便于利用周边的生活、医疗等公共服务设施及基础设施。

二、适宜的建设规模

1. 相关标准

（1）《重庆市城市规划管理技术规定》。

土地出让或者划拨时，应当按照集约利用、整体实施的原则，合理确定用地边界，避免出现零星用地。已有零星用地应当与相邻用地整合使用。不具备整合条件的零星用地，鼓励实施绿地、广场等公益性建设项目；可以实施解危改造、公共服务设施、公用设施、交通设施等建设项目；禁止实施居住及商业、商务等经营性建设项目。

因用地狭窄或者与城市道路不相连等原因，不具备单独建设条件的用地，按照零星用地管理。

其中：规划人口大于20万的城市，零星用地指小于3000平方米的居住用地（含与其他用地性质混合的居住用地）和小于2000平方米的非居住用地；规划人口大于5万、小于或者等于20万的城市，零星用地指小于1500平方米的居住用地（含与其他用地性质混合的居住用地）和小于1000平方米的非居住用地。

（2）《城市居住区规划设计规范》。

居住区按居住户数或人口规模可分为居住区、小区、组团三级。

其中：居住区对应居住人口规模30000～50000人，配建有一整套较完善的、能满足该区居民物质与文化生活所需的公共服务设施；居住小区对应居住人口规模10000～15000人，配建有一套能满足该区居民基本的物质与文化生活所需的公共服务设施；居住组团对应居住人口规模1000～3000人，配建有居民所需的基层公共服务设施。

2. 建议标准

避暑休闲地产选址需考虑规模效益的影响，单个地块面积不宜过小，不低于《重庆市城市规划管理技术规定》所确定的零星用地面积；同时，从基础设施配套的经济性、完整性方面考虑，其占地面积需达到一定规模，但不宜过大，以避免对生态环境造成破坏。因此，位于镇区的单个地块用地面积不小于3000平方米；位于非镇区的单个项目用地规模不宜超过居住小区规模，宜控制在20公顷以内（按户均面积50平方米，户均人口3人，即人均建筑面积约16.7平方米，平均容积率1.2测算）。

第五章　重庆市避暑休闲地产规划布局

第一节　避暑休闲地产空间布局理论

一、避暑休闲地产布局形态

目前学术界对避暑休闲地产这一类型地产布局研究较少，但由于避暑休闲地产属于旅游地产大的范畴，可以梳理旅游地产相关布局理论，为避暑休闲地产布局提供参考。

从微观尺度来看，部分学者就具体的旅游地产项目空间布局形态进行了分析和研究，他们从各自的研究视角及理论出发总结了不同的避暑休闲布局形态。胡浩[1]以上海市为例，在综合考虑游客流量、区位成本、旅游资源及配套

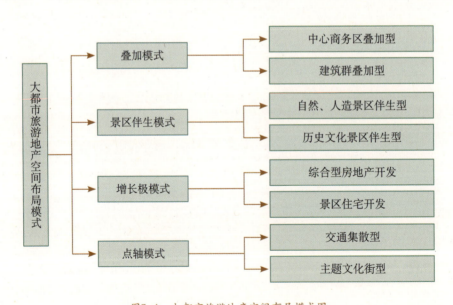

图5-1　大都市旅游地产空间布局模式图

[1] 胡浩. 大都市旅游房地产发展与布局——以上海为例[D].上海：华东师范大学博士学位论文,2005.

基础等布局条件之后，提出了旅游地产布局类型，即将大都市旅游地产空间布局模式划分为：叠加模式、景区伴生模式、增长极模式、点轴模式等四大类型（图5-1）。

杨振之等[1]从度假区概念出发，认为"度假区就是一个满足度假者需求，能为度假者提供系统服务，让度假者可以放松身心、追求愉悦体验，独具特色，具有度假环境、度假产品和度假产业的地方"。由此他们将度假区产业布局分为4种基本类型，即单核式、带状、大本营式和点轴式。旅游地产作为度假区重要的构成要素，其空间布局方式自然也可以分为这四类（图5-2）。

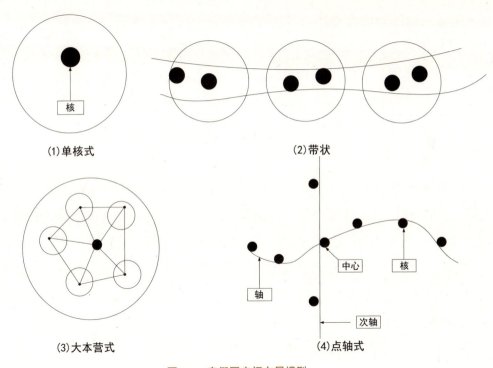

(1)单核式　　　　　　　　　　(2)带状

(3)大本营式　　　　　　　　　(4)点轴式

图5-2　度假区空间布局模型

陈煜[2]针对山地型旅游地产布局形态进行了深入研究，认为山地型旅游地产布局可分为分散式和集中式两种，而从地产组群来看，其布局的方式又可以

[1] 杨振之,郭凌,蔡克信.度假研究引论——为海南国际旅游岛建设提供借鉴[J].旅游刊,2010,25(9): 12-19.
[2] 陈煜.山地型旅游地产规划设计研究——以大理海东·半山居旅游地产规划设计为例[D].昆明:昆明理工大学硕士学位论文,2013.

分为点状、线状、片状和混合式。此外还有许多学者对滨湖型[1]、草原型[2]和峡谷型[3]旅游地产的布局形态进行研究，为避暑休闲地产布局提供了较强的理论指导。

二、避暑休闲地产布局影响因素

空间布局是避暑休闲地产规划的重要内容，影响布局的因素主要有气候资源、旅游资源等依托资源条件，交通条件，区域经济状况，自然条件影响等，概括起来就是社会经济和自然环境两方面影响因素。

1. 依托资源条件

避暑休闲地产的特点决定了其空间布局受到气候资源、旅游资源的影响较大，包括资源的空间分布、等级与规模等。很大程度上，依托资源的品质甚至决定了避暑休闲的开发品质及项目后期收益，所以气候资源和旅游资源对避暑休闲地产布局影响最大。从目前的研究来看，避暑休闲依托资源可大体分为四类，即山地资源、湖景资源、草地资源和峡谷资源。

2. 交通条件

避暑休闲的消费者群体为中高收入者，他们对旅途的舒适度和通达度要求比较高，一般要靠近高速公路、铁路等，所以交通成为避暑休闲布局的核心影响因素之一。交通所代表的是地产项目的通达性，即使用特定的交通工具，从"某地"抵达"他地"的便利程度[4]。依据抵达时间的不同，可以布局不同的避暑休闲类型。一般来看，45分钟车程以内，可适当布局会议中心、商业游憩区等；60～90分钟车程则主要布局高品质住宅、别墅等；120分钟车程以外，主要布局近郊度假第二居所、景区别墅、第三居所等。

3. 区域经济状况

区域经济的发展水平对避暑休闲规划布局有着很重要的影响。从避暑休闲

[1] 陈南江.滨水度假区旅游规划创新研究[D].上海:华东师范大学博士学位论文,2005.
[2] 荣丽华.内蒙古中部草原生态住区适宜规模及布局研究[D].西安:西安建筑科技大学硕士学位论文,2004.
[3] 刘玲莉,周建华."峡谷地貌"旅游风景区的生态规划设计——以彭水阿依河风景区规划设计为例[J].南方农业,2011,5(2):48-51.
[4] MQ Dalvi and KM Martin. The measurement of accessibility: Some preliminary results[J]. Transport-ion, 1976, 5(1):17-42.

地产的特征看，购买主要人群为城镇中高收入家庭，一般是二次置业或三次置业，依托高品质、稀缺性的旅游资源，满足其避暑、休闲、度假等方面的消费需求。学界认为，人均GDP达到3000美元时，旅游形态开始向度假升级，达到5000美元时则开始进入成熟的度假经济时期[1]，避暑休闲地产需求将增长。因此，只有区域经济发展到一定程度，才可能有避暑休闲地产的需求。通常来看，区域经济发展水平高则意味着其客源市场较大，需求旺盛，应布局一定体量的避暑休闲地产。相反，区域经济发展水平比较低的地区，本地客源市场较小，规划布局时应考虑吸引力范围，视吸引力大小布局避暑休闲地产。

4. 自然条件影响

从自然方面来看，影响避暑休闲布局的因素主要有地形、地貌、风向、日照、地质和水文等[2]。一般当坡度大于15°时，建筑群体受较大限制，不适宜布局避暑休闲地产项目；建筑朝向影响房屋通风，当风向与等高线垂直或接近垂直时，房屋与等高线平行或斜交布置通风较好；一般某地的总日照时数与紫外线辐射量呈正相关关系，所以年总日照时数越多，紫外线辐射就会越强，越不适宜避暑，较为适宜避暑休闲的年总日照时数为1200时左右；地质灾害与水灾频发区不适宜布局避暑休闲。

第二节　避暑休闲地产空间布局

按照前述避暑休闲地产布局理论，在前面确定的避暑休闲地产选址要求基础上，结合避暑休闲地产市场需求、基础设施条件、用地条件等，合理安排重庆市避暑休闲地产空间布局。

一、布局原则

1. 依托资源布局，提升居住品质

充分合理依托资源，结合避暑休闲地产自身特点进行组团式开发。组团内通过整体打造，提升产业规模效应；组团间通过错位发展、优势互补，实现资源配置最优化，整体功能最大化。依托优势避暑休闲资源，最大限度地发挥所

[1] 魏小安.休闲度假的特点及发展趋势[J]. 饭店现代化,2004(11):13-17.
[2] 王蔚.南方丘陵地区建筑适宜技术策略研究[D].长沙: 湖南大学硕士学位论文,2009.

依托资源的优势，深入挖掘资源内涵，以资源品质提升地产品质，打造一批具有一定影响力的避暑休闲地产精品，满足人们日益增长的避暑休闲需求，提高居住生活品质。

2. 靠近交通干线布局，提升地产吸引力

沿高速铁路、高速公路及支线布局避暑休闲地产，提升消费群体到避暑休闲地产项目的通达性，减少度假者通行时间，拓宽避暑休闲地产吸引范围，增强地产吸引力。

3. 依托乡镇布局，提升基础配套能力

充分利用现有场镇布局避暑休闲地产，充分借助原有供水、供电、道路交通等基础设施，减少基础设施投入，促进土地资源节约集约利用。完善水电通信以及污水、生活垃圾处理等基础设施，形成完备的基础配套体系。

二、总体布局

按照避暑休闲地产选址标准，在全市选取了53个避暑休闲地产适宜开发建设片区，主要集中在渝南大娄山、渝东北大巴山和渝东南武陵山三大区域，各区域内具有自然地理特征相近，经济发展水平相当，主要市场需求相同的特点，形成了重庆市避暑休闲地产集聚三大区域的布局。同时，按照上述布局原则，对选取的53个避暑休闲地产适宜开发建设片区进行规划布局。

1. 渝南大娄山区

渝西片区避暑休闲地产发展，顺应转型发展和避暑休闲市场需求，充分发挥靠近主城区消费主体市场的区域优势，重点依托黑山、金佛山、四面山、古剑山等避暑资源，打造特色较为鲜明、示范作用较强的避暑休闲项目。包括巴南区、涪陵区、江津区、南川区、綦江区、万盛经开区等6个区县（经济开发区），16个片区（表5-1）。

表5-1 渝南大娄山区避暑休闲地产发展布局

区县	片区名称	依托乡镇	资源及配套概况
巴南区 (2片)	圣灯山片区	跳石镇	海拔：950米。夏季平均气温：25℃。交通条件：G65(包茂高速)、G75(兰海高速)、省道104，距主城区车程1时内。森林植被覆盖率85%以上，自然资源丰富，有森林、湖泊等资源。可与圣灯山3A级景区共享基础设施。
	双寨山片区	石滩镇	海拔：916米。夏季平均气温：25℃。交通条件：G65(包茂高速)、G75(兰海高速)、省道104，距主城区车程1时内，森林植被覆盖率75%以上。
涪陵区 (2片)	武陵山 (涪陵) 片区	大木乡、武陵山乡	海拔：1203米。夏季平均气温：23℃，森林覆盖率达95%。交通条件：G50S(沿江高速)、渝利铁路、国道319，距主城2.5时，距涪陵1时，紧邻场镇。紧邻武陵山3A级景区。
	马武片区	马武镇	海拔：1031米。夏季平均气温：24℃，森林覆盖率达85%。交通条件：G50S(沿江高速)、涪南高速、渝利铁路、国道320，距主城2时，距涪陵0.6时。
江津区 (5片)	东胜片区	柏林镇	海拔：1024米。夏季平均气温：24℃。交通条件：江习高速(在建)、省道107，距主城3时，距江津1.5时。比邻四面山4A级景区。
	大圆洞片区	永兴镇	海拔：882米。夏季平均气温：25℃，森林覆盖率达95%。交通条件：江习高速(在建)、省道107，距主城2.5时，距江津0.5时。紧邻四面山4A级景区。
	四面山片区	四屏镇、四面山镇、柏林镇	海拔：1050米。夏季平均气温：24℃，森林覆盖率达96%。交通条件：江习高速(在建)、省道312，目前距主城2.5时，距江津1时。紧邻大圆洞国家森林公园。
	滚子坪片区	塘河镇	海拔：850米。夏季平均气温：25℃。交通条件：G93(成渝环线高速)，距主城1.5时，距江津0.5时。
	骆来山片区	西湖镇	海拔：887米。夏季平均气温：25℃，森林覆盖率70%。交通条件：G93(成渝环线高速)，省道107，距主城1.5时，距江津0.5时。紧邻骆来山2A级景区。
南川区 (3片)	木凉—福寿片区	福寿镇、木凉镇	海拔：860米。夏季平均气温：25℃。交通条件：G65(包茂高速)，距主城1.5时，距南川0.5时。紧邻国家级生态农业园。
	金佛山片区	大有镇、山王坪镇、三泉镇	海拔：1063米。夏季平均气温：24℃，森林覆盖率达90%。交通条件：G65(包茂高速)、G69(银百高速在建)、省道104、省道412、省道413，距主城1.5时，距南川0.5时。紧邻世界自然遗产金佛山5A级景区。

续表

区县	片区名称	依托乡镇	资源及配套概况
南川区 （3片）	黎香湖 片区	黎香湖镇	海拔：874米。夏季平均气温：25℃，水面面积3348亩。交通条件：G65（包茂高速）、省道204，距主城1.5时，距南川0.5时。紧邻黎香湖3A级景区。
綦江区 （3片）	古剑山 片区	古南街道	海拔：905米。夏季平均气温：25℃，森林覆盖率85%。交通条件：渝黔新线铁路、G75（兰海高速）、国道210、省道312、303，距主城1时，距綦江0.5时。紧邻古剑山4A级景区、国家地质公园。
	丁山湖 片区	郭扶镇、丁山镇	海拔：979米。夏季平均气温：24℃，湖面积460万平方米。交通条件：渝黔新线铁路、G75（兰海高速）、国道210、省道303，距主城2时，距綦江1时。紧邻丁山湖景区。
	天台山 片区	横山镇、三角镇	海拔：935米。夏季平均气温：24℃，森林覆盖率70%。交通条件：G75（兰海高速）、綦万高速，距主城1时，距綦江0.5时。紧邻天台山风景区。
万盛经 开区 （1片）	黑山片区	黑山镇、石林镇、青年镇、丛林镇、关坝镇	海拔：1158米。夏季平均气温：23℃，森林覆盖率高达97%。交通条件：G75（兰海高速）、綦万高速、省道414，距主城1.5时，距万盛0.5时。紧邻黑山谷5A级景区。

2.渝东北大巴山区

渝东北片区地处三峡库区、秦巴山集中连片特殊困难地区，是国家重点生态片区、长江流域重要生态屏障和长江上游特色经济走廊、长江三峡国际黄金旅游带。避暑休闲地产发展突出生态涵养的发展主题，重点依托方斗山、七曜山、铁峰山、大巴山、红池坝等避暑资源。包括万州区、梁平区、城口县、丰都县、垫江县、忠县、开州区、云阳县、奉节县、巫山县、巫溪县等11个区县，25个片区（表5-2）。

表5-2　渝东北大巴山区避暑休闲地产发展布局

区县	片区名称	依托乡镇	资源及配套概况
万州区 （4片）	方斗山 （万州）片区	茨竹乡	海拔：1104米。夏季平均气温：23℃，森林覆盖率达90%。交通条件：渝万铁路（在建）、G42（沪蓉高速）、G69（银百高速在建）、国道318、省道105，距主城3.5时，距万州0.5时。紧邻场镇。

区县	片区名称	依托乡镇	资源及配套概况
万州区 (4片)	七曜山 (恒合)片区	恒合 土家族乡	海拔：1448米。夏季平均气温：21℃。交通条件：渝万铁路（在建）、G42（沪蓉高速）、国道318、G5012（万广高速在建），距主城5时，距万州1时。紧邻场镇。
	七曜山 (罗田)片区	罗田镇	海拔：1127米。夏季平均气温：23℃，森林覆盖率达80%。交通条件：渝万铁路（在建）、G42（沪蓉高速）、国道318，距主城4.5时，距万州1时。紧邻场镇。
	铁峰山 (万州)片区	高梁镇	海拔：1048米。夏季平均气温：24℃，森林覆盖率达到90%。交通条件：渝万铁路（在建）、G42（沪蓉高速）、国道318，距主城3时，距万州0.5时。紧邻铁峰山国家森林公园。
梁平区 (1片)	百里竹海 片区	竹山镇	海拔：849米。夏季平均气温：25℃，森林覆盖率达到80%。交通条件：渝万铁路（在建），G42（沪蓉高速）、G5515（张家界—南充在建）、国道318、省道102，距离主城3.5时，距万州1时，距梁平城区0.5时。紧邻重庆龙头嘴森林公园。
城口县 (4片)	青云寨片区	葛城街道	海拔：1335米。夏季平均气温：22℃。交通条件：城万快速通道、G69（银百高速在建）、省道301，距主城4时，距万州1.5时，距城口县城0.5时。紧邻秋池、神田草原。
	亢谷片区	东安镇	海拔：1478米。夏季平均气温：21℃。交通条件：城万快速通道、G69（银百高速在建）、省道301，距主城5时，距万州1.5时，距城口县城1时。紧邻坑谷景区、耍坝地质公园。
	大巴山片区	明中乡	海拔：1732米。夏季平均气温：20℃。交通条件：城万快速通道、G69（银百高速在建）、省道301，距离主城5时，距万州1.5时，距城口县城1.5时。紧邻千年银杏、红池坝。
	九重山片区	双河乡	海拔：1433米。夏季平均气温：22℃。交通条件：城万快速通道、G69（银百高速在建）、省道301，距万州1.5时，距城口县城1时。紧邻九重山国家森林公园和八台山地质公园。
丰都县 (3片)	冷玉山片区	武平镇、 太平坝乡、 都督乡	海拔：1260米。夏季平均气温：23℃，森林覆盖率95%。交通条件：渝利铁路、G50S（沿江高速）、省道406，距主城3时，距万州1.5时，距丰都县城1.5时。紧邻武陵山景区和澜天湖。
	南天湖片区	南天湖镇、 仙女湖镇、 暨龙镇	海拔：853米。夏季平均气温：25℃，森林覆盖率95%。交通条件：渝利铁路、G50S（沿江高速）、省道406，距主城3时，距丰都县城1.5时，距场镇0.3时。紧邻武陵山景区和澜天湖。
	方斗山 (丰都)片区	高家镇、 江池镇	海拔：1118米。夏季平均气温：23℃，森林覆盖率达70%。交通条件：渝利铁路、G50S（沿江高速），距主城2时，距丰都县城镇1时。紧邻方斗山林场。

续表

区县	片区名称	依托乡镇	资源及配套概况
垫江县 (1片)	明月山片区	太平镇	海拔：829米。夏季平均气温：25℃。交通条件：渝万铁路（在建）、G50（沪渝高速）、G42（沪蓉高速）、省道102，距主城2时，距万州1.5时，距垫江县城0.5时。
忠县 (2片)	方斗山 (忠县)片区	石子乡	海拔：920米。夏季平均气温：25℃，森林覆盖率达75%。交通条件：G50（沪渝高速）、G69（银百高速在建），距主城3时，距万州1时，距忠县县城0.5时。
	天池片区	新生镇、 善广乡	海拔：878米。夏季平均气温：25℃，森林覆盖率达97%。交通条件：G50（沪渝高速），距主城3时，距万州1时，距忠县0.5时。紧邻天池国家森林公园。
开州区 (2片)	铁峰山 (开州区) 片区	竹溪镇、 南门镇、 长沙镇	海拔：1048米。夏季平均气温：24℃，森林覆盖率达到90%。交通条件：万开高速，距主城3.5时，距万州1时，距开州城区0.5时，距场镇0.5时。紧邻重庆南山森林公园和大龙孔森林公园。
	南山片区	竹溪镇、 临江镇	海拔：1025米。夏季平均气温：22℃。交通条件：万开高速，距主城4时，距万州2时，距开州城区1.5时。紧邻重庆南山森林公园和南山养生旅游度假区。
云阳县 (1片)	龙缸片区	清水 土家族乡	海拔：1541米。夏季平均气温：21℃。交通条件：G42（沪蓉高速）、省道305，距主城5时，距万州2.5时，距云阳县城1时。紧邻龙缸4A级景区。
奉节县 (2片)	天鹅湖片区	白帝镇	海拔：989米。夏季平均气温：24℃。交通条件：郑万铁路、G42（沪蓉高速），距主城4.5时，距奉节县城0.5时。紧邻天鹅湖2A级景区。
	天坑地缝 片区	兴隆镇	海拔：1536米。夏季平均气温：21℃，森林覆盖率达到80%。交通条件：郑万铁路、G42（沪蓉高速）、省道201，距主城4.5时，距万州1.5时，距奉节县城1时。紧邻天坑地缝国家级风景名胜区和茅草坝水库。
巫山县 (2片)	梨子坪片区	骡坪镇	海拔：1894米。夏季平均气温：19℃。交通条件：郑万铁路、G42（沪蓉高速）、省道103，距主城5时，距万州2时，距巫山县城0.5时。紧邻巫山小三峡5A级景区。
	巫峡片区	曲尺乡、 建平乡、 巫峡镇	海拔：950米。夏季平均气温：23℃。交通条件：郑万铁路、G42（沪蓉高速）、省道103，距主城5时，距万州1.5时，距巫山县城0.5时。紧邻巫山小三峡5A级景区。
巫溪县 (3片)	上磺片区	古路镇、 上磺镇	海拔：848米。夏季平均气温：25℃。交通条件：G6911高速（巫溪—奉节）、省道201，距主城4.5时，距万州1.5时，距巫溪县城0.5时。

区县	片区名称	依托乡镇	资源及配套概况
巫溪县 (3片)	红池坝片区	文峰镇	海拔:1250米。夏季平均气温:19℃,林草覆盖率达85%。交通条件:G6911高速(巫溪—奉节)、省道201,距主城5时,距万州2.5时,距巫溪县城1.5时。紧邻红池坝4A级景区。
	通城片区	通城镇	海拔:904米。夏季平均气温:25℃。交通条件:G6911高速(巫溪—奉节)、省道102,距主城4.5时,距万州2时,距巫溪县城0.5时。紧邻兰英大峡谷。

3. 渝东南武陵山区

渝东南片区是国家重点生态片区与重要生物多样性保护区,武陵山绿色经济发展高地、重要生态屏障、生态民俗文化旅游带和扶贫开发示范区及少数民族集聚区。避暑休闲地产发展依托武陵山良好的生态环境和山林资源,突出民俗生态主题特色。包括黔江区、武隆区、石柱县、秀山县、酉阳县、彭水县等6个区县,12个片区(表5-3)。

表5-3　渝东南武陵山区避暑休闲地产发展布局

区县	片区名称	依托乡镇	资源及配套概况
黔江区 (3片)	小南海 片区	小南海镇	海拔:1171米。夏季平均气温:23℃,森林覆盖率85.2%。交通条件:武陵山机场、G65(包茂高速)、G5515(张家界—南充在建)、国道319,距主城4时,距黔江0.5时。紧邻小南海4A级景区。
	城市峡谷 峡江片区	城东街道、 舟白街道、 正阳街道、 城南街道	海拔:925米。夏季平均气温:25℃。交通条件:武陵山机场、G65(包茂高速)、G5515(张家界—南充在建)、国道319,距主城4时,距黔江0.5时。紧邻城市中央生态公园。
	八面山 片区	城东街道	海拔:1250米。夏季平均气温:23℃,森林覆盖率95%。交通条件:武陵山机场、G65(包茂高速)、G5515(张家界—南充在建)、国道319,距主城3.5时,距黔江0.5时,距场镇0.3时。紧邻灰千梁原始森林景区。
武隆区 (1片)	仙女山 片区	仙女山镇、 接龙乡	海拔:1300米。夏季平均气温:22℃,森林覆盖率80%。交通条件:G65(包茂高速)、国道319、省道203,距主城2时,距武隆城区0.5时。紧邻仙女山旅游度假区。
石柱县 (3片)	悦崃 片区	鱼池镇、悦 崃镇、黄水 镇、枫木镇	海拔:1391米。夏季平均气温:22℃,森林覆盖率82%。交通条件:渝利铁路,G50(沪渝高速)、省道105,距主城0.3时,距石柱县城1时。紧邻黄水国家森林公园、千野草场避暑休闲区。

续表

区县	片区名称	依托乡镇	资源及配套概况
石柱县 (3片)	冷水 片区	冷水镇、枫木镇、悦峡镇、鱼池镇、黄水镇	海拔：1438米。夏季平均气温：21℃，森林覆盖率95%。交通条件：渝利铁路、G50（沪渝高速），距主城2.5时，距黔江1时，距石柱县城0.7时。
	万寿山 片区	三河镇	海拔：1298米。夏季平均气温：22℃。交通条件：渝利铁路、G50（沪渝高速），距主城2.5时，距黔江1时。紧邻万寿山景区。
秀山县 (1片)	涌动花海 片区	涌洞乡	海拔：1121米。夏季平均气温：23℃。交通条件：G65（包茂高速）、国道319、乌江航道，距主城4时，距黔江1.5时，距秀山县城1时。紧邻场镇，紧邻川河盖草场。
酉阳县 (3片)	大板营 片区	木叶乡	海拔：1178米。夏季平均气温：23℃。交通条件：G65（包茂高速）、国道319、省道210，距主城5时，距黔江2时，距酉阳县城1.5时。紧邻大板营原始森林。
	阿蓬江 片区	双泉乡、苍岭镇	海拔：1058米。夏季平均气温：24℃。交通条件：G65（包茂高速）、国道319，距主城3.5时，距黔江1时，距酉阳县城1时。紧邻阿蓬江国家湿地公园。
	桃花源 片区	桃花源街道	海拔：889米。夏季平均气温：25℃。交通条件：G65（包茂高速）、国道319，距主城4时，距黔江1.5时。紧邻酉阳县城、酉阳桃花源5A级景区。
彭水县 (1片)	摩围山 片区	润溪乡、靛水街道	海拔：1334米。夏季平均气温：22℃，森林覆盖率91%。交通条件：G65（包茂高速）、国道319、省道313，距主城3时，距黔江1时，距彭水0.5时。紧邻茂云山国家森林公园。

第三节　重庆市不同类型避暑休闲地产布局分析

一、山地型避暑休闲地产布局形态

1. 布局形态分析

　　山地型避暑休闲地产布局形态可以归纳为点状、线状、片状以及混合式等。[1]

　　（1）点状布局：住宅单体以点的形式分布，容易根据地形的变化灵活布置。

　　（2）线状布局：与等高线平行、垂直或斜交布置，形成风格迥然相异的外部空间。

---

[1] 陈煜.山地型旅游地产规划设计研究——以大理海东·半山居旅游地产规划设计为例[D].昆明：昆明理工大学硕士学位论文,2013.

（3）片状布局：以台阶式住宅为代表。

（4）混合布局：综合使用以上两种或两种以上的布局方式。混合布局是最常见的布局形式。

2. 典型案例分析

重庆市适宜开发避暑休闲地产的山地型资源有金佛山、四面山、古剑山、黑山、铁峰山、九重山、天坑地缝、仙女山、黄水国家森林公园和摩围山等。以石柱黄水为例，探讨重庆市山地型避暑休闲地产的布局特点。

（1）区域概况。黄水镇位于石柱县东北部，是重庆七大出口之一的东北出口，距重庆主城240千米，距石柱县城63千米，距渝鄂交界处鱼泉口30千米，距沪蓉高速路26千米，距长江水道58千米。地形以山地为主，最高海拔1934米，最低海拔950米，平均海拔1551.4米，立体气候明显。

（2）资源优势。黄水镇避暑休闲地产依托旅游资源丰富。依托自然森林景观、高山湖泊和特殊的气候资源，黄水森林公园是融合森林度假、滑雪滑冰、民族风情观光、科考、探险、土家族特色民居、森林生态保护为一体的综合性森林公园，是"长江三峡黄金旅游线"上唯一的少数民族风景区。

（3）布局方式。黄水避暑休闲地产规划布局时应尽量保持山体自然地形地貌，根据山地坡度灵活布置各类建筑，使建筑与山间地形地势融为一体。在规划布局设计中，采用分散式和集中式混合使用的混合布局方式。根据复杂的地形特点，调整建筑走向，形成弯曲和错位，打破空间的单一性，利用山地地形自然形成围绕山峰布置的组团。组团通过小区主干道串联起来，每个组团都分别配套有核心绿地，各组团景观随着建筑合理布局，相互渗透，独立而又互相联系。

二、滨湖型避暑休闲地产布局形态

1. 布局形态分析

滨湖型避暑休闲地产布局时应尽量维持原生态自然景观和湖景资源，一般采用围绕湖泊等水域的线状规划布局方式。

2. 典型案例分析

重庆市适宜开发避暑休闲地产的滨湖型资源有南川黎香湖、丰都澜天湖、黔江小南海等。以南川黎香湖为例，探讨重庆市滨湖型避暑休闲地产的布局特点。

（1）区域概况。黎香湖地处南川北部生态农业园区腹心地带，水库海拔高度800米，距重庆主城59千米（高速），距南川城区28千米（高速）。黎香湖港湾众多，驳岸线曲折环绕（全长65千米），可供开发的半岛38个，湖心岛1个（木鱼岛），基础设施较好，风景气候宜人，是生态度假、避暑休闲、健体养身的优质区域。

（2）资源优势。黎香湖附近有国家级风景名胜区南川金佛山、万盛石林、巴南东温泉，是重庆一小时经济圈内尚未开发的海拔最高、温度最低、植被最好、水质最清、体量最大的高山人工湖泊。

（3）布局方式。规划布局尽量不要破坏黎香湖的原有自然风貌，滨湖的避暑休闲建筑力求与湖泊自然协调。在规划布局设计中可以采用围绕黎香湖的带状布局模式，避暑休闲地产依湖而建，根据黎香湖的湖堤走势，遵从"随湖就势，生态优先"的原则开发建设避暑休闲地产。

三、峡谷型避暑休闲地产布局形态

1. 布局形态分析

峡谷型避暑休闲地产以自然景观资源为基础，规划布局一般都采用线性的布局方式。

2. 典型案例分析

重庆市适宜开发避暑休闲地产的峡谷型资源有城口亢谷以及万盛黑山谷。以黑山谷为例分析峡谷型避暑休闲地产的布局特点。

（1）区域概况。黑山谷景区位于重庆市万盛经济技术开发区黑山镇境内，距万盛城区20千米，距离重庆主城区110千米。与南川金佛山、贵州桐梓柏箐自然保护区毗邻。黑山谷所在山脉地处云贵高原向四川盆地过渡的大娄山余脉，是重庆和贵州两省市界山。景区面积100平方千米，峡谷全长13千米，山顶与谷底高差最大达1200米左右，景区内最高峰狮子峰海拔1973米。

（2）资源优势。黑山谷景区保存着地球上同纬度为数不多的亚热带和温带完好的自然生态，森林覆盖率达97%，被专家誉为"渝黔生物基因库"，是目前重庆地区最大的、原始生态保护最为完好的自然生态风景区。黑山谷风景区原始生态风景由峻岭、峰林、幽峡、峭壁、森林、竹海、飞瀑、碧水、溶洞、仿古栈道、浮桥、云海、田园、原始植被、珍稀动植物等各具特色的景观组成，被评定为国家森林公园、国家地质公园（重庆万盛国家地质公园重要组成部分）、国家5A级旅游景区、亚洲大中华区最具魅力风景名胜区、中国最佳休闲名山、重庆市"巴渝新十二景"、重庆市首家环保示范景区等。

（3）布局方式。在有效保护黑山谷自然生态环境的基础上，充分挖掘其自然景观和历史文化底蕴，依托峡谷地形独有的特点，采用线性的规划布局方式布置组团，每个组团拥有独特的景观，建筑镶嵌于基地，打造独具魅力的峡谷型景观避暑休闲地产。

四、草原型避暑休闲地产布局形态

1. 布局形态分析

草原型避暑休闲地产形态一般依托交通沿线布局，呈现集中或分散两种形态。

2. 典型案例分析

重庆市避暑休闲地产可依托的草原型资源有千野草场、仙女山草场、红池坝等。以巫溪红池坝为例，分析草原型避暑休闲地产的布局特点。

（1）区域概况。巫溪红池坝风景区是由巫溪国家森林公园为主的大型高山草场与高山花海风景区组成。地处重庆市巫溪县西北边缘、县城西北80多千米处，是三峡黄金旅游带大宁河源头。

（2）资源优势。红池坝自然景观壮阔秀丽，人文景观深邃幽古，被誉为"中国的新西兰"，是中国南部最大的高山自然草场。2012年9月，重庆巫溪红池坝风景区正式被国家旅游局批准为国家4A级旅游景区。

（3）布局方式。首要原则是保护红池坝自然生态环境，充分利用其自然景观和历史文化底蕴，合理规划布局避暑休闲地产。以交通干线为主干形成树枝状网络空间结构规划布局方式，做到在不扰乱草原自然状态下，所建造的避暑休闲建筑尽量与草原的自然风貌协调融合，不造成视觉上的冲击感。

第六章　重庆市避暑休闲地产承载力

第一节　承载力基础理论

一、承载力概念提出

　　承载力的概念最早来源于力学，所表达的意思就是物体在不受到任何破坏时的最大载荷。1921年帕克和伯吉斯从生态学的视角进一步明确了这一概念，即"某一特定环境条件下（主要指生存空间、营养物质、阳光等生态因子的组合），某种个体存在的数量的最高极限"[1]，从而拉开了承载力在环境科学中的研究。此后，在20世纪六七十年代，随着自然环境恶化，自然资源耗竭等全球性环境问题出现，承载力这一具有"保护环境"理念的概念受到前所未有的关注，特别是诺贝尔经济学奖获得者Arrow[2]发表的《经济增长、承载力和环境》一文，进一步促进了学界和政界对环境承载力的关注。接着，承载力不断被引入水环境承载力、土地承载力、社会发展承载力、资源承载力、旅游环境容量等多个领域，涵盖了生态学、生物学、环境学、规划学、旅游学等多个学科。

二、环境承载力概念

　　环境承载力是一个概念体系，并无特指。因此在没有具体限定的情况下，不加区分地采用承载力这一概念，会在一定程度上引起误解。本文从"学科""环境系统"和"定义的视角"三个方面对环境承载力概念进行梳理。

---

[1] 洪阳,叶文虎.可持续环境承载力的度量及其应用[J].中国人口·资源与环境,1998,8(3):54–58.
[2] K Arrow, B Bolin, et al. Economic growth, carrying capacity, and the environment[J]. *Ecological Applications*, 1996, 6(1):13–15.

1. 从学科方面来看

环境承载力涉及了生态学、生物学、环境学、规划学、旅游学等多个不同学科，各学科从自己的研究视角出发给予环境承载力不同内容。生态学是早期的承载力研究涉及最早的学科。早在1921年，帕克和伯吉斯就在有关的人类生态学杂志中提出了承载力的概念。与生态学不同，旅游研究中使用的承载力称谓是"旅游环境容量"，最早由Lapage（1963）提出，但未做深入研究[1]。较系统阐述旅游环境容量定义的是Wall and Wright[2]，他们认为环境容量就是指一个地区在资源没有受到不可接受的破坏水平时所能维持的旅游水平，这一容量通常表现为一阈值，超出阈值范围旅游系统的生态环境将无法正常运行。对于旅游区来说，其环境容量具有两层含义，即旅游业的接待能力和环境承受能力。

2. 从环境系统来看

一个地区的环境是一个由自然环境、经济环境和社会环境组成的复杂系统，所以其环境承载力也应是一个承载力体系，包含了土地资源承载力、水资源承载力、大气环境承载力、经济发展承载力、社会承载力（社会容量）等多个方面。具体含义如表6-1所示。

表6-1　环境承载力体系构成及含义表

环境承载力体系	含义
土地资源承载力	在一定生产条件下，土地资源的生产能力和一定生活水平下所承载的人口限度[3]
水资源承载力	城市水环境承载力是指某一城市（含郊区）、某一时期、某种状态下的水环境条件对该城市的经济发展和生活需求的支持能力[4]
大气环境承载力	在一定标准下，某一环境单元大气所能承纳的污染物最大排放量[5]
经济发展承载力	以旅游活动为例，一定时间、一定区域范围内经济发展程度所决定的能够接纳的人口量[6]

[1] 刘晓冰，保继刚.旅游开发的环境影响研究进展[J].地理研究,1996,15(4):92-100.
[2] G Wall and C Wright. The environmental impact of out-door recreation[M]. university of waterloo, Ontario, 1977:198-204.
[3] 《中国土地资源生产能力及人口承载量研究》课题组.中国土地资源生产能力及人口承载量研究[M].北京:中国人民大学出版社,1991.
[4] 崔凤军.城市水环境承载力及其实证研究[J].自然资源学报,1998,13(1):58-62.
[5] 郭秀锐,毛显强,冉圣宏.国内环境承载力研究进展[J].中国人口·资源与环境,2000,10(3):28-30.
[6] 保继刚，楚义芳.旅游地理学[M].北京: 高等教育出版社,1999.

续表

环境承载力体系	含义
社会承载力	以旅游活动为例，旅游者在某地从事旅游活动时，在不降低活动质量的前提下，该地所能容纳的旅游活动最大量，也称感知容量

3. 从定义的视角来看

王俭等[1]对环境承载力定义进行梳理之后认为，目前环境承载力的定义方式可以大体归纳为三类，即容量视角、阈值视角和能力视角，如表6-2所示。

表6-2　不同视角下环境承载力含义

视角	定义
容量视角	环境承载力是指在一定生活水平和环境质量要求下，在不超出生态系统弹性限度条件下环境子系统所能承纳的污染物数量，以及可支撑的经济规模与相应人口数量[2]
阈值视角	环境承载力指在某一时期、某种状态或条件下，某地区的环境所能承受的人类活动的阈值；[3]环境承载力是指在某一时期、某种环境状态下，某一区域环境对人类社会经济活动支持能力的阈值；[4]环境承载力是指在一定时期、一定状态或条件下，一定环境系统所能承受的生物和人文系统正常运行的最大支持阈值[5]
能力视角	环境承载力是自然或人造系统在不会遭到严重退化的前提下，对人口增长的容纳能力；[6]环境承载力是指在一定的时期和一定区域范围内，在维持区域环境系统结构不发生质的改变，区域环境功能不朝恶性方向转变的条件下，区域环境系统所能承受的人类各种社会经济活动的能力。[7]它可看作是区域环境系统结构与区域社会经济活动的适宜程度的一种表示

三、环境承载力研究内容

1. 承载体

从研究现状来看，环境承载力的承载体可分为两种，即自然环境承载体（第一环境承载体）和人造环境承载体（第二环境承载体）。其中自然环境承

[1] 王俭,等.环境承载力研究进展[J].应用生态学报,2005,16(4):768–772.
[2] 高吉喜.可持续发展理论探索——生态承载力理论、方法与应用[M].北京: 中国环境科学出版社,2001.
[3] 《福建省湄州湾开发区环境规划综合研究》总课题组.福建省湄州湾开发区环境规划综合研究总报告[R],1991.
[4] 唐剑武,郭怀成,叶文虎.环境承载力及其在环境规划中的初步应用[J].中国环境科学,1997, 17(1):6–9.
[5] 郭秀锐,毛显强,冉圣宏.国内环境承载力研究进展[J].中国人口·资源与环境,2000,10(3):28–30.
[6] D Schneider. The carrying capacity concept as a planning tool[M]. Chicago: American Planning Association, 1978: 22–59.
[7] 彭再德,等.区域环境承载力研究方法初探[J].中国环境科学,1996,16(1):6–10.

载体由生命支持系统（如生物、土壤、空气和水等）和物质生产支持系统（如森林资源、土地资源、水资源和矿产资源等）组成；而人造环境承载体则包括经济实力、交通条件、社会物质技术基础、公用设施等。

研究进程上，第一环境承载体最早受到关注，成为学者们研究的重点，研究内容涉及土地资源、水资源、大气环境、矿产资源等的承载力。其中，又以土地资源承载力的研究历史相对较长，取得成果也较为丰富，这主要是因为土地是最重要的自然资源之一，土地资源承载力是最基本的资源承载力。此后，随着承载力概念的扩展，第二环境承载力得到关注，文化、社会、经济等要素的承载力逐渐被广泛研究。[1]

2. 承载对象

承载力所承载的对象一般包括污染物、人口规模、人口消费压力和人类社会及其经济活动等。这些内容一般都在研究构建的指标体系中有所体现。早期的承载对象多为污染物和人口规模等，后来随着研究的深入及经济社会的发展，承载力概念框架发生了变化，从P-S-R（压力-状态-响应[2]）发展到D-P-S-I-R（驱动力-压力-状态-影响-响应），直观的表现就是"人类社会及其经济活动"的一些软指标在评价体系中所占比例逐渐增加，突出了环境承载力在社会、经济、环境等方面的中介与协调作用。

从研究目标和研究对象来看，本文的承载体是自然生态系统，承载对象主要是人口规模，即度假区所能承载的极限人口数量。

第二节　他山之石——国外提升承载力典型案例分析

与旅游环境容量相似，避暑休闲地产区域人口承载力也是一个很难确定的值，实践中很少有人试图去度量这一值，但是承载力这一概念本身在认识和理解避暑休闲地产开发对区域环境的影响上具有重要的意义。通过介绍国外休闲地产开发案例，并重点关注这些案例维持承载力在合理范围内所采取的具体措施和开发理念，以期为重庆市避暑休闲地产开发提供经验指导。

[1] 林婧, 董成森.环境承载力研究的现状与发展[J].湖南农业科学,2011(22):36-38,43.
[2] 毛汉英,余丹林.区域承载力定量研究方法探讨[J].地球科学进展,2001,16(4):549-555.

一、美国太阳河度假区案例

1. 案例概况

（1）区位。美国太阳河度假区（Sun River Resort）是美国西北地区著名的度假目的地，已发展为度假和居住完美结合的城郊社区。该度假区位于俄勒冈州（Oregon）德斯特郡本德市南面25千米处的沙漠高地上，距俄勒冈州最大城市波特兰180千米。常住人口约1700人，夏天旅游旺季，每个周末度假区的人口都会增加到近20000人（图6-1）。

图6-1　美国太阳河度假区示意图

（2）依托资源。太阳河度假区占地13.4平方千米，是美国前10大家庭度假区。度假区位于德斯特河东侧，北、东、西三面被德斯特国家森林公园环绕，拥有绿草如茵的草地和美丽的松树林，是不同年龄的度假游客、高尔夫爱好者、户外运动爱好者的休闲度假天堂。

（3）度假产品。太阳河度假区首先将度假旅游者分为长期居住与短期度假、核心与非核心客户、年长与年少者等不同类型的度假者，然后针对不同类型的度假者，开发不同档次和规模的度假产品，满足各细分市场的个性化需求（表6-3）。

表6-3　太阳河度假区度假产品

产品类型	具体名称
游憩活动	太阳河马场、儿童夏令营、公园及游乐场所
度假设施	会议设施、水疗和健康中心、艺术博物馆、高尔夫球场、运动中心
特色活动	节庆活动、社区活动、假日狂欢和专题活动
地产物业	河畔住宅、度假村公寓、农舍、小木屋、度假旅馆客房、度假旅馆套房

2. 开发策略

（1）度假区混合游憩区和居住区的整合开发，使太阳河成为集"旅、居、娱"于一体的完整度假城。

（2）优质的度假设施建设塑造度假生活的丰富度，相应的游憩活动组织提升区域活力，吸引人入住。

3. 太阳河生态保护政策

开发之初，开发商就已经认识到太阳河社区有远远优于其他地方的资源环境优势，要想获得项目的成功，就要尽量保持太阳河原有的自然生态，保护美丽和宁静的森林环境。因此，对度假区内各种设施、产品、景观及建筑物的布局提出了较高的要求。启用了"保护区域生态环境，降低开发密度，扩大公共空间，营造与城市差异化度假居住生活环境"的环境保护理念，并且在实际开发建设中严格贯彻，制定了细致的生态保护政策（表6-4）。

表6-4　太阳河度假区生态保护政策

(1)无条件地保护自然环境，保护德斯特河；保护草地，不进行任何的建筑物开发或造成视觉上的负担；在不破坏自然地理和地质的条件下开发道路和公用设施系统、野生动植物园	(2)在设计建筑物和基础设施时，要退让森林环境，建筑物以低层为主，高度不能高于旅馆前的黑松。保持灌木植物和火山岩的原貌。整个区域的建筑物必须使用木质材料
(3)研究度假区海拔1341米沙漠高地的独特气候特点，为雨雪、冰冻、零度以下等极端的气候变化做准备	(4)打造25%~30%公共空间来保护松树林，让所有人都能得到视觉上的享受
(5)开发步行和自行车的交通体系，以减少使用汽车和其他会产生污染的交通工具	(6)提供了一个自然的居住环境，而不是城市化的、拥挤的城市环境

从以上分析可以看出，太阳河度假区在整个开发建设过程中秉持着保护生态环境的先进理念，并且通过减低开发密度和扩大公共空间两大具体措施深入贯彻和实施这一先进理念，从而营造了一个自然、舒适的居住环境，保证了区域环境承载力在合理范围之内。

二、华盛顿伯克湖案例

1.案例概况

（1）区位。伯克湖公园（Burke Lake Park）位于弗吉尼亚州费尔法克斯县中心南部郊区的伯克镇，距离县城8.7千米，30分钟车程抵达华盛顿特区，东距斯普林菲尔德市10千米。伯克镇总人口数为5.98万人，主要住户属于美国上层中产阶级。

（2）依托资源。整个伯克镇占地面积约30平方千米，环伯克湖区域面积约357公顷，其中伯克湖水面面积88公顷，是弗吉尼亚州最大的湖。度假区主要依托该湖泊资源发展起来，由多样化的动植物自然栖息地和已开发的休闲娱乐设施构成。目前伯克湖区域已经成为周边城市家庭逃离大城喧嚣，享受周末休闲时光的理想场所。

（3）度假产品。伯克湖公园度假区依托的核心资源是伯克湖，所以度假产品的开发也主要围绕伯克湖展开，从空间上来看，由湖面、湖畔到复地依次布局不同类型的度假产品（表6-5）。

表6-5　伯克湖区度假产品

地点	发展策略	度假产品
湖面	兼顾环境保护的同时有选择地开发多样化水上活动	湖中垂钓、水上婚礼、观鸟、划船等
湖畔	创建多节点的特色景点和设施，提升湖畔沿线活动的多样性	野营、野炊、迷你火车、旋转木马、迷你高尔夫、儿童撒野广场、远足、骑马、自行车、湖岸垂钓等
复地	高档住宅和主要文化商业中心	酒店、餐厅、艺术画廊、住宅、商业店铺、高尔夫、草地保龄球、会议设施等

2. 开发策略

首先，项目坚持"规划先行，统一开发"的理念，以确保区域可持续发展；其次，无条件保护生态环境，对湖区进行低强度综合旅游开发，保证景观的完整性，保留其特色；然后，建立"湖、岸、复地"的分层开发体系，组织旅游休闲活动，各层开发准则和开发强度不同；最后，针对不同旅游群体，开发有特色的度假产品，满足多元休闲需求。

3. 伯克湖保护生态和人文环境策略

保护生态和人文环境是伯克湖度假区项目的第一原则，所有的项目开发都必须在严格遵守这一原则之下进行，为此整个项目开发还构建了从政府到开发商，再到普通市民的三位一体的环境保护体系，多维主体参与，各司其职，有效地保护了度假区生态环境。可以说，通过三个行动主体的共同努力，"在生态承载力限制下选择性开发设计游憩活动"的理念贯彻于项目的前期、中期、后期（表6-6）。

表6-6　伯克湖度假区生态和人文环境保护措施

行动主体	生态和人文环境具体保护措施		
	前期	中期	后期
政府	编制公园建设和生态保护规划	安排必要的基础设施建设，引导企业合作；对湖泊旅游的开发进行监督，提出改进意见，对与规划相冲突的项目，限制其开发	控制和管理湖区范围内分散的污染源
开发商	划定滨湖生态保护带，保护带内禁止任何形式的土地开发；达成所需的生态保护协议；承诺对湖泊长期进行管理的战略愿景	湖区50%土地用于旅游开发，其余为水体和自然保护区；缩减湖区内开发项目；控制水位浮动，严防水质污染	控制一定规模的城镇人口；对徒步旅行的人口数量进行限制
市民	——	——	提供志愿服务，广泛培育生态意识，帮助游客建立生态意识

三、案例启示

通过以上案例分析可以发现，国外休闲地产开发具有一定共性。无论政府，还是开发商，他们在地产开发过程中秉持"保护环境"和"宜居"的核心开发理念，力求在资源（土地）开发与环境保护之间找到平衡点，最终实现地产的宜居性。为此，在开发实践中，特别是依托自然景观的地产开发，规划区域通常会被划分成几个区域，地产建设只能在非核心保护区进行。而在布局上，地产项目与度假设施采用广泛布局的模式，降低建筑物密度与集中度，各节点间采用景观步道或者小径串联。最后对度假区游览观光游客数量进行严格限制。

第三节　避暑休闲地产规划开发片区承载力

一、研究区概况

《重庆市避暑休闲地产规划（2014—2020年）》中划定了20个避暑休闲地产发展片区，总面积约37.5平方千米。需要说明的是，37.5平方千米的面积（规划面积），仅为避暑休闲地产建设面积，不包括周边配套、绿化等面积。因此，为使结果更加符合客观实际，采用建筑密度0.3来计算各片区地产与配套绿化的总面积（可利用土地面积），即125平方千米。

20个片区均分布在海拔800米以上区域，并且以山地型资源为主，部分片区还涉及了湖泊、峡谷和草地等其他资源类型（表6-7）。

表6-7　重庆市避暑休闲地产规划开发片区基本信息表

片区名称	依托乡镇	涉及区县
圣灯-双寨山片区	跳石镇、石滩镇	巴南区
黑山片区	黑山镇、丛林镇、石林镇、青年镇、关坝镇	万盛经开区
古剑山片区	古南街道	綦江区
金佛山片区	大有镇、山王坪镇、三泉镇	南川区
四面山片区	四屏镇、四面山镇、柏林镇	江津区

片区名称	依托乡镇	涉及区县
百里竹海片区	竹山镇	梁平区
明月山片区	太平镇	垫江县
红池坝片区	文峰镇	巫溪县
龙缸片区	清水土家族乡	云阳县
方斗山片区	石子乡	忠县
巫峡片区	曲尺乡、建平乡、巫峡镇	巫山县
青云寨片区	葛城街道	城口县
天坑地缝片区	兴隆镇	奉节县
罗田片区	罗田镇	万州区
铁峰山片区	高粱镇、长沙镇、南门镇、竹溪镇	万州区、开州区
桃花源片区	桃花源街道	酉阳县
城市峡谷峡江片区	城东街道、舟白街道、正阳街道、城南街道	黔江区
摩围山片区	润溪乡、靛水街道	彭水县
冷水片区	冷水镇、枫木镇、悦崃镇、鱼池镇、黄水镇	石柱县
仙女山片区	仙女山镇、南天湖镇、武陵山乡	武隆、丰都、涪陵

二、研究方法

1. 心理承载力测算

从"居住舒适度"的视角出发，重点考虑了居住者心理承载力。其计算公式为 $C = \dfrac{W}{W_k}$，C 为居住心理承载力，W 为规划开发片区避暑休闲地产适宜开发土地面积，W_k 为个体心理安全与舒适空间。

W 为规划开发片区避暑休闲地产可利用土地面积，即根据《重庆市避暑休闲地产规划（2014—2020年）》给出的规划用地除以0.3得到（表6-8）。

W_k 的确定。美国心理学家爱德华·霍尔的研究发现，社交场合或者陌生人之间的安全距离一般在1.2～3.7米之间，换言之，个人需要的安全舒适空间在1.44～13.69平方米之间。这里将个体安全舒适空间取13.69平方米。

表6-8 重庆市避暑休闲地产开发区可利用土地面积

片区名称	依托乡镇	规划用地（公顷）	可利用土地（公顷）
圣灯-双寨山片区	跳石镇、石滩镇	125.00	416.67
黑山片区	黑山镇、丛林镇、石林镇、青年镇、关坝镇	300.00	1000.00
古剑山片区	古南街道	300.00	1000.00
金佛山片区	大有镇、山王坪镇、三泉镇	325.00	1083.33
四面山片区	四屏镇、四面山镇、柏林镇	350.00	1166.67
百里竹海片区	竹山镇	63.00	210.00
明月山片区	太平镇	63.00	210.00
红池坝片区	文峰镇	75.00	250.00
龙缸片区	清水土家族乡	75.00	250.00
方斗山片区	石子乡	75.00	250.00
巫峡片区	曲尺乡、建平乡、巫峡镇	100.00	333.33
青云寨片区	葛城街道	100.00	333.33
天坑地缝片区	兴隆镇	100.00	333.33
罗田片区	罗田镇	125.00	416.67
铁峰山片区	高梁镇、长沙镇、南门镇、竹溪镇	325.00	1083.33
桃花源片区	桃花源街道	75.00	250.00
城市峡谷峡江片区	城东街道、舟白街道、正阳街道、城南街道	100.00	333.33
摩围山片区	润溪乡、靛水街道	200.00	666.67
冷水片区	冷水镇、枫木镇、悦崃镇、鱼池镇、黄水镇	375.00	1250.00
仙女山片区	仙女山镇、南天湖镇、武陵山乡	500.00	1666.67
合计		3751.00	12503.33

2.资源承载力测算

研究的对象为规划开发区域，即这些区域尚处于待开发建设阶段，因此除了心理要素外，资源也有可能成为限制其开发的要素之一，所以本文还同时考虑了水资源和土地资源承载力。

其计算公式为$C=\dfrac{W}{W_k}$，C为水资源承载力／土地资源承载力，W为片区水资源总量／片区适宜开发土地面积，W_k为人均每天最低用水量／人均土地利用量。

W的确定。水资源的总量由规划开发片区水源（水库）库容量代替；土地资源总量即为可利用土地面积。

W_k的确定。根据《城市居民生活用水量标准》规定，重庆居民人均生活用水量标准为100～140升／人·日，规划取中间值120升／人·日进行生活用水量估算，即0.12立方米／人·日。人均用地面积参照我国《城市居住区设计规范》规定，根据建筑气候区的不同，人均居住用地在23～32平方米之间，重庆属于建设气候3区，因此人均居住用地面积取下限23平方米。

三、承载力测算结果

1.心理承载力分析

根据马斯洛需求层次理论，安全也是其中一个非常重要的需求，而且只有当安全需求得到满足之后，个体才会有更高层次的需求。休闲度假本身就属于高层次的需求，因此除了对大气环境要求较高外，避暑休闲地产消费者对居住的舒适度也有一定的要求，过高的人口密度会造成消费者个人空间的丧失，导致安全感缺乏，从而影响消费者居住的舒适度，降低避暑休闲地产的居住品质。因此个体的安全舒适空间非常重要。

根据美国心理学家爱德华·霍尔的研究发现，本研究中将个体安全舒适空间取13.69平方米。由此测算出各规划片区的人口容量在15.34万～121.74万人之间，合计约913.32万人（含片区内现状人口数量）。其中主城区和渝西片区340.88万人，渝东北片区268.08万人，渝东南片区304.36万人，分别占比37.3%、29.4%、33.3%（图6-2）。

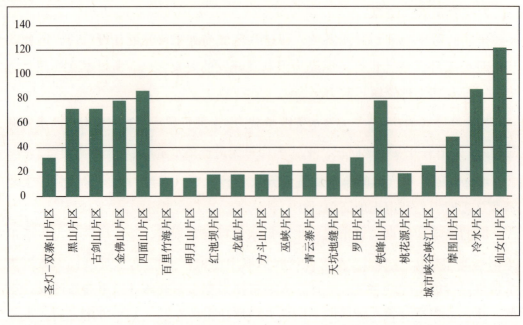

图6-2　各规划开发片区心理承载力（万人）

2. 水资源承载力分析

　　各区县的规划开发片区可供水量存在较大差异，其中黑山片区的水资源量（含现状水源和规划水源，下同）达到11098万立方米，而巫山县的巫峡片区水量最小，仅为118万立方米，相当于一个小I型水库（图6-3）。

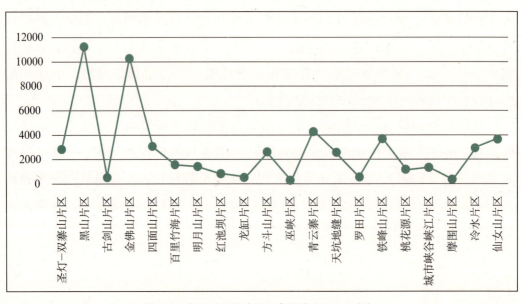

图6-3　各规划开发片区水资源量（万立方米）

鉴于各开发片区水资源量的差异性，其可承载人口规模也表现出相应差异。根据人均120升／人·日进行生活用水量估算，即0.12立方米／人·日，120天人均需水量为14.4立方米／人，由此计算得到各片区水资源承载力在8.19万～770.69万人之间，20个片区合计约承载人口3781.58万人（含片区内现状人口数量），其中主城区和渝西片区承载1889.01万，渝东北片区承载928.40万，渝东南片区承载964.17万（图6-4）。

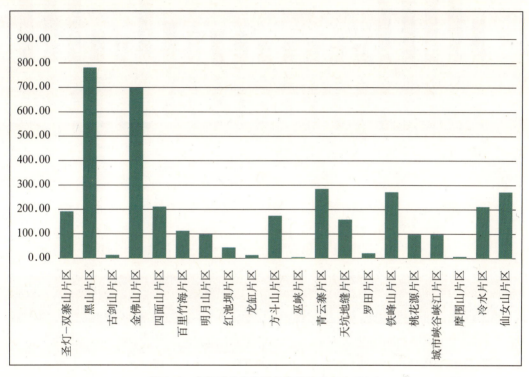

图6-4　各规划开发片区水资源承载力（万人）

3. 土地资源承载力分析

根据土地资源承载力计算公式，重庆市避暑休闲地产规划开发片区可承载人口为9.13万～72.46万人，20个片区合计承载人口约543.62万人（含片区内现存人口数量）。其中主城区和渝西片区可承载202.90万人，渝东北片区承载159.56万人，渝东南片区承载181.16万人（图6-5）。

综上所述，根据木桶原理，对重庆市避暑休闲地产规划开发片区从心理承载力、水资源承载力和土地资源承载力三个限制因子中，选取人口承载量最低的为片区承载力，这样得到20个规划开发片区最终承载力（表6-9）。

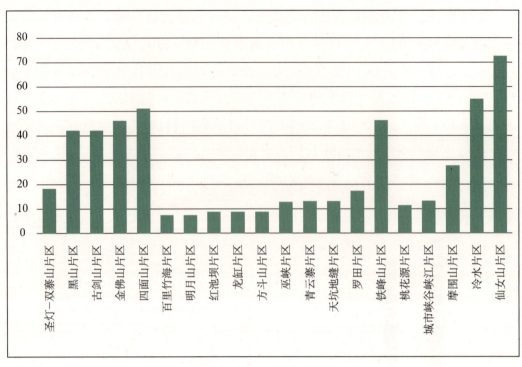

图 6-5　各规划开发片区土地资源承载力（万人）

表6-9　重庆市避暑休闲地产规划开发片区综合承载力

片区名称	心理承载力（万人）	水资源承载力（万人）	土地资源承载力（万人）	最终承载力（万人）
古剑山片区	73.05	26.88	43.48	26.88
圣灯-双寨山片区	30.44	189.58	18.12	18.12
四面山片区	85.22	203.61	50.72	50.72
金佛山片区	79.13	698.26	47.10	47.10
黑山片区	73.05	770.69	43.48	43.48
巫峡片区	24.35	8.19	14.49	8.19
龙缸片区	18.26	20.97	10.87	10.87
罗田片区	30.44	31.25	18.12	18.12
红池坝片区	18.26	52.15	10.87	10.87
明月山片区	15.34	98.19	9.13	9.13
百里竹海片区	15.34	111.94	9.13	9.13

片区名称	心理承载力（万人）	水资源承载力（万人）	土地资源承载力（万人）	最终承载力（万人）
天坑地缝片区	24.35	166.67	14.49	14.49
方斗山片区	18.26	172.22	10.87	10.87
铁峰山片区	79.13	266.81	47.10	47.10
青云寨片区	24.35	284.24	14.49	14.49
摩围山片区	48.70	10.97	28.99	10.97
桃花源片区	18.26	98.40	10.87	10.87
城市峡谷峡江片区	24.35	100.28	14.49	14.49
冷水片区	91.31	211.53	54.35	54.35
仙女山片区	121.74	258.75	72.46	72.46
合计	913.33	3781.58	543.62	502.70

第七章　重庆市避暑休闲地产开发建设标准

　　避暑休闲地产具体项目建设，根据项目所处的区位、资源特征等不同条件，结合开发企业产品策划和定位，按照国家及重庆市相关标准和规范进行建设。根据《重庆市控制性详细规划编制技术规定》、项目建设用地出让和建设实际，将避暑休闲地产建设指标体系分为建设标准指标体系、公共服务设施配套标准、道路交通设施配套标准、市政公用设施配套标准、其他设施配套标准等，对项目相关建设指标和配套设施进行控制和引导。

第一节　避暑休闲地产建设标准指标体系

　　根据《重庆市控制性详细规划编制技术规定》，控制性详细规划中与地块开发强度相关的指标包括规定性指标中的容积率、建筑密度、建筑限高、绿地率。鉴于避暑休闲地产区别于一般居住项目，具有一定特殊性，选取容积率、建筑密度、建筑限高等作为避暑休闲地产的强制性控制指标，其他指标建议按照相关规定参照执行。

一、容积率

　　为确保避暑休闲地产开发强度、建筑体量等与周边生态环境相协调，也为保证其居住的舒适性，建议避暑休闲地产容积率按照《重庆市城市规划管理技术规定》中的一类居住用地（1.0～1.2）进行控制。同时，考虑到已开发项目中部分高档避暑休闲地产对环境品质要求相对较高，容积率在0.35～0.8不等。因此，避暑休闲地产项目容积率按不大于1.2控制。

二、建筑密度和建筑限高

避暑休闲地产建筑高度控制要求的制定主要考虑建筑与周边环境景观的协调。因避暑休闲地产多分布在海拔800～1500米地区，该地区植被以黄葛树、杉树等大型乔木为主，树冠高度多为20米左右。为确保建筑掩映在树林之中，与周边环境相协调，同时根据容积率控制要求，结合《重庆市城市规划管理技术规定》，避暑休闲地产建筑密度控制在25%～35%，建筑限高不超过20米，楼层数以3～4层为主。

第二节　避暑休闲地产公共服务设施配套标准

重庆市避暑休闲地产具有较强的季节性，使用群体以老年人、儿童为主，公共服务设施的配置除需满足避暑休闲地产使用群体的普适性需求外，还需充分考虑其个性化需求。选取《重庆市城乡公共服务设施规划标准》(2014年)中除基础教育设施以外的其余4类公共服务设施中的必要设施做配建要求。同时，考虑避暑休闲地产的规模，配置标准可参照居住小区级执行。

避暑休闲地产配套公共服务设施包括社区卫生服务站、日间照料中心、社区文化活动室、社区多功能运动场、菜店。根据《重庆市城乡公共服务设施规划标准》(2014年)规定，以上设施配置标准如表7-1所示。

表7-1　居住小区级部分公共服务设施配置标准

设施名称	最小规模（平方米/处）		配置标准（平方米/千人）		服务半径	备注
	用地规模	建筑规模	用地面积	建筑面积		
社区卫生服务站	—	≥150	—	—	500	—
日间照料中心	≥1000	≥750	65～100	50～75	≤500	室外活动场所宜大于250平方米
社区文化活动室	—	300	—	≥30	—	应包括文化康乐、图书阅览、科普宣传等功能

续表

设施名称	最小规模 （平方米/处）		配置标准 （平方米/千人）		服务半径	备注
	用地规模	建筑规模	用地面积	建筑面积		
社区多功能运动场	—	—	—	—	—	配置标准为每户1.5平方米，可结合居住、绿地、广场等功能混合设置，体育设施应均衡布局，满足设施类型多样化要求
菜店	—	100	—	50~80	200~500	—

因居住型避暑休闲地产使用群体中老年人占比较一般城市住区大，以上设施中除菜店外，其他与老年人关系密切的配套设施在相应配置标准的基础上提升20%。同时，设施配置还需充分考虑贴近日常生活及老年人、儿童的实际使用需求，设置如百货、超市、药店、老年人健身设施、儿童游乐设施等。

第三节　避暑休闲地产道路交通设施配套标准

一、停车位配套标准

根据避暑休闲地产发展程度等具体情况，参考国家标准，参照周边省市相似旅游度假区定额确定避暑休闲地产配套停车位配比。经统计，经济发达、旅游成熟地区已建成的避暑休闲地产停车位指标一般定于1.0~1.6个/100平方米（建筑面积，后同）区间，其他省市地区（包括湖北、贵州等省）已建成避暑休闲地产停车位指标分布在0.7~1.0个/100平方米之间（表7-2）。

表7-2　其他省市避暑休闲地产停车位指标

楼盘名	地点	车位比
九龙仓碧玺	杭州	1.65
颐居富春山	杭州	1.6

楼盘名	地点	车位比
书香云端	黄山	0.6
纳帕溪谷御山	大连	1.0
云顶庄园	厦门	1.2
伴山丽景	利川	1.0
苏马荡依云国际	利川	0.8
云山秀水	遵义	0.7

　　根据《城市道路交通规划设计规范》《重庆市城市规划管理技术规定》，在特大城市中，建筑功能为中高档住宅的地产停车位配比为1.0个/100平方米。考虑到避暑休闲地产与一般居住项目不同，避暑时间具有季节性，按照同类避暑休闲地产停车指标进行类比预测，停车位设施规模根据管理技术规范最低指标规划，将避暑休闲地产停车位指标设为0.7个/100平方米，严格限制道路内停车。

二、公共停车场配套标准

　　公共停车场建设时应尽量避免对避暑休闲地产周边环境和景观造成破坏，考虑避暑休闲地产季节性特点，根据集约用地原则，公共停车场可结合绿地、广场等公共空间设置，停车场建议采用植草格形式，满足透水、绿化要求。对使用高峰期配套不足的问题，宜采用临时设置生态停车场的方式解决。按照《城市道路交通规划设计规范》规定，城市公共停车场应分为外来机动车公共停车场、市内机动车公共停车场和自行车公共停车场三类，其用地总面积可按规划城市人口每人0.5~0.8平方米计算。其中：机动车停车场的用地宜不小于90%，自行车停车场宜结合避暑休闲地产地形条件设置，不宜大于10%。

　　避暑休闲地产的公共停车场设施规模根据管理技术规范指标规划，不包括自行车停车场用地，采用避暑人数的计算口径，设定公共停车场用地总面积按避暑休闲地产人口每人0.65~0.8平方米计算（人口为当地居民加上旅游流动人口，以避暑休闲地产的最大容纳能力作为重要控制指标）。机动车出行方式具有潮汐性特征，为节约用地，建议在国家规范的基础上进行折减，折减系数取值为0.6，公共停车场用地按每人0.39~0.48平方米设置。

三、露天营地配套标准

根据汽车营地的功能，完整的汽车营地应包括如下几个片区。

（1）露营区：为不同类型的露营者提供合适的营位和活动空间，包括小汽车露营、房车露营和帐篷露营等。

（2）服务活动、公用设施配套区：在营地会所中为露营者提供必要的生活服务和公用设施，同时也是营地的物流、管理中心。

（3）野餐、人工用火区域：该区域设有供野餐、用火等设施，并设置有防火隔离带。

（4）生态保护区：禁止汽车进入，以保护生态为主。

汽车营位设计依托《中国体育休闲(汽车)露营营地建设标准(试行)》，露天营地建议按80平方米/辆房车设置。自驾小汽车停车面积为15～25平方米，房车为50～75平方米；每个帐篷营位最小占地面积20平方米，帐篷间距不宜小于2米。相应配套设施包括设置专门篝火或是人工用火区域、浴厕、排污垃圾收集点和商业娱乐设施，其他设施根据实际进行安排。道路用地约占房车营地面积的20%，即每车6～10平方米。

第四节　避暑休闲地产市政公用设施配套标准

避暑休闲区域市政公用设施主要包括供水、排水、电力、通信、燃气和环卫设施，各相关配套的选取标准如下。

一、供水标准

1. 相关国家标准要求

（1）《城市给水工程规划规范》。

城市综合生活用水预测应根据城市特点、居民生活用水水平进行预测。现行国家标准《城市给水工程规划规范》根据城市所处的地理位置和水资源状况等将全国城市划分为三个区，重庆属于二区。

表7-3　《城市给水工程规划规范》综合生活用水量指标[升/(人·日)]

区　域	城　市　规　模			
	特大城市	大城市	中等城市	小城市
二区	170～280	150～270	130～240	110～230

注：1.用水人口为城区常住人口（下同）。
2.综合生活用水为城市居民生活用水和公共设施用水之和，不包括市政用水和管网漏失水量。

（2）《风景名胜区规划规范》。

根据现行国家标准《风景名胜区规划规范》，风景名胜区的供水指标，根据当地的生活习惯、气候条件、用水设备、公共生活服务网的发展程度等具体情况确定，具体规定见表7-4。

表7-4　《风景名胜区规划规范》对供水定额指标的规定

分类	供水（升/床·日）	备注
简易宿点	50～100	公用卫生间
一般旅馆	100～200	六级旅馆
中级旅馆	200～400	四五级旅馆
高级旅馆	400～500	二三级旅馆
豪华旅馆	500以上	一级旅馆
居民	60～150	—
散客	10～30	—

（3）《镇规划标准》。

根据现行国家标准《镇规划标准》，集中式给水的用水量应包括生活、生产、消防、浇洒道路和绿化用水量、管网漏水量和未预见水量，并应符合下列规定。

生活用水量的计算：居住建筑的生活用水量可根据现行国家标准《建筑气候区划标准》GB 50178—1993，所在区域按表7-5进行预测(重庆属于Ⅴ区)。

表7-5　居住建筑的生活用水量指标(升／人·日)

建筑气候区划	镇区	镇区外
Ⅲ、Ⅳ、Ⅴ区	100~200	80~160
Ⅰ、Ⅱ区	80~160	60~120
Ⅵ、Ⅶ区	70~140	50~100

公共建筑的生活用水量应符合现行国家标准《建筑给水排水设计规范》GB 50015—2003的有关规定，也可按居住建筑生活用水量的8%～25%进行估算。

生产用水量应包括工业用水量、农业服务设施用水量，可按重庆有关规定进行计算。

消防用水量应符合现行国家标准《建筑设计防火规范》GB 50016—2014的有关规定。

浇洒道路和绿地的用水量可根据当地条件确定。

管网漏失水量及未预见水量可按最高日用水量的15%～25%计算。

给水工程规划的用水量也可按表7-6中人均综合用水量指标预测。

表7-6　人均综合用水量指标(升/人·日)

建筑气候区划	镇区	镇区外
Ⅲ、Ⅳ、Ⅴ区	150~350	120~260
Ⅰ、Ⅱ区	120~250	100~200
Ⅵ、Ⅶ区	100~200	70~160

注：表中为规划期最高日用水量指标，已包括管网漏失及未预见水量；有特殊情况的镇区，应根据用水实际情况，酌情增减用水量指标。

2. 避暑休闲地产供水设施标准

避暑休闲区域用水量主要为居民综合生活用水，主要包括饮用、洗涤、烹调、清洁卫生等用水和公共用水相关指标，应参考避暑休闲区域水资源条件、居民用水情况、实际需求选取，必须因地制宜，不能机械地套用城市规划规范。避暑休闲地产居民综合生活用水量标准介于城市与小城镇的用水标准之间，即200~300升/人·日。

其他用水量，如道路广场、绿化、市政公用用水量，参考国家标准为0.1~0.5万立方米/（平方千米·日）。

避暑休闲区域还应考虑一定量的管网漏失水量和未预见水量，按上述用水量之和的15%~25%计算。

供水设施规模可根据避暑休闲区域最高日用水量规划。

二、排水标准

1. 相关国家标准要求

（1）《城市排水工程规划规范》。

根据《城市排水工程规划规范》，城市综合生活污水量宜根据城市综合生活用水量（平均日）乘以城市综合生活污水排放系数确定。污水排放系数应是在一定的计量时间（年）内的污水排放量与用水量（平均日）的比值。城市生活污水排放系数可根据城市居住、公共设施和分类工业用地的布局，结合相关因素，按表7-7的规定确定。

表7-7　城市分类污水排放系数

城市污水类型	污水排放系数
城市综合生活污水	0.80~0.90

注：城市综合生活污水排放系数应根据城市规划的居住水平、给水排水设施完善程度与城市排水设施规划普及率，结合第三产业产值在国内生产总值中的比重确定。

（2）《镇规划标准》。

根据《镇规划标准》，小城镇生活污水量可按生活用水量的75%~85%进行计算。

2. 避暑休闲地产排水设施标准

参考国家标准，避暑休闲区域综合生活污水量宜根据综合生活用水量（平均日）乘以综合生活污水排放系数确定。

生活污水排放系数可根据居住、公共设施用地的布局，确定为0.75~0.90。

避暑休闲区域污水必须经处理后才能排放。污水工程规模和污水处理厂规模应根据平均日污水量确定。生活污水可经小型成套污水处理设备（如序批式活性污泥法、生物滤池等高效节能处理设施)净化处理或人工湿地处理达标后排放，靠近城镇污水处理设施的区域尽量利用城镇污水处理设施。

三、电力标准

1. 相关国家标准要求

（1）《城市电力工程规划规范》。

根据《城市电力工程规划规范》，预测或校核某城市的城乡居民生活用电量，当采用单位建设用地负荷密度法进行负荷预测时，其居住、公共设施、工业三大类建设用地的单位建设用地负荷指标的选取，应根据三大类建设用地中所包含的建设用地小类类别、数量、负荷特征，并结合所在城市三大类建设用地的单位建设用地用电现状水平和表7-8规定，经综合分析比较后选定。

表7-8　规划单位建设用地负荷指标

城市建设用地类别	单位建设用地负荷指标(千瓦/公顷)
居住用地	100~400
公共管理与公共服务设施用地	300~800

注：1.城市建设用地包括：居住用地、商业服务业设施用地、公共管理与公共服务设施用地、工业用地、物流仓储用地、道路与交通设施用地、公用设施用地、绿地与广场用地八大类，不包括水域和其他用地；2.超出表中建设用地以外的其他各类建设用地的规划单位建设用地负荷指标的选取，可根据所在城市的具体情况确定。

（2）《风景名胜区规划规范》。

根据现行国家标准《风景名胜区规划规范》，风景名胜区的供电指标，根据当地的生活习惯、气候条件、用电设备情况、公共生活服务网的发展程度等具体情况确定，具体规定见表7-9。

表7-9　《风景名胜区规划规范》对供电指标的规定

分类	供电（瓦/床）	备注
简易宿点	50~100	公用卫生间

分类	供电（瓦/床）	备注
一般旅馆	100～200	六级旅馆
中级旅馆	200～400	四五级旅馆
高级旅馆	400～1000	二三级旅馆
豪华旅馆	1000以上	一级旅馆
居民	100～500	—
散客	—	—

（3）《镇规划标准》。

供电负荷的计算应包括生产和公共设施用电、居民生活 □□□荷可采用现状年人均综合用电指标乘以增长率进行预测。

规划期末年人均综合用电量可按下式计算：

$$Q=Q_1(1+K)^n$$

式中 Q——规划期末年人均综合用电量(千瓦·时／人·年)；

Q_1——现状年人均综合用电量(千瓦·时／人·年)；

K——年人均综合用电量增长率(%)；

n——规划期限(年)；

K 值可依据人口增长和各产业发展速度分阶段进行预测。

2. 避暑休闲地产供电设施标准

避暑休闲区域用电负荷指标，可根据国家标准采用单位建筑面积负荷指标法，同时参考多个相似区域电力规划用电指标资料，并且根据当地居民的生活水平和生活习惯等具体情况确定。避暑休闲区域用电负荷采用负荷密度法进行确定，取值标准可采用100～300千瓦/公顷。

四、通信标准

1. 国家标准要求

（1）《城市通信工程规划规范》。

国家标准《城市通信工程规划规范》提出，当采用分类用地预测法预测通信容量时可采用如表7-10标准。

表7-10 固定电话分类用地用户主线预测指标（线/公顷）

城市用地性质	特大城市、大城市	中等城市	小城市
居住用地	110～180	90～160	70～140
商业服务业设施用地	150～250	120～210	100～190
公共管理与公共服务设施用地	70～200	55～150	40～100
道路与交通设施用地	20～60	15～50	10～40
公用设施用地	20～140	20～120	15～100

（2）《镇规划标准》。

根据《镇规划标准》，小城镇电话用户预测应在现状基础上，结合当地的经济社会发展需求，确定电话用户普及率。

2.避暑休闲地产通信设施标准

建议避暑休闲区域按照国家标准的单位用地指标法进行分类预测，指标可按小城市的居住用地选取，宜采用70～140线/公顷。

五、燃气标准

1.国家标准要求

（1）《城镇燃气规划规范》。

国家标准《城镇燃气规划规范》采用人均用气指标法或横向比较法预测总用气量时，规划人均综合用气量指标应符合表7-11规定，并应根据下列因素确定：城镇性质、人口规模、地理位置、经济社会发展水平、国内生产总值、产业结构、能源结构、当地资源条件和气源供应条件、居民生活习惯、现状用气水平、节能措施等。

表7-11 规划人均综合用气量指标

指标分级	城镇用气水平	人均综合用气量（兆焦耳/人·年）	
		现状	规划
一	较高	≥10501	35001～52500
二	中上	7001～10500	21001～35000

指标分级	城镇用气水平	人均综合用气量(兆焦耳/人·年)	
		现状	规划
三	中等	3501~7000	10501~21000
四	较低	≤3500	5250~10500

居民生活用气指标，应根据气候条件、居民生活水平及生活习惯、燃气用途等综合分析比较后确定。

（2）《镇规划标准》。

《镇规划标准》建议小城镇居住建筑和公共设施的用气量应根据统计数据分析确定。

2.重庆地方标准要求

根据《重庆市城乡规划燃气工程规划导则》，居民生活用气和公共建筑用气应根据当地实际情况确定。居民生活用气量为1.0~1.2 立方米/日·户。

3.其他省市参考文献借鉴

本研究对相关文献《旅游度假区市政基础设施规划研究——以朝阳沟为例》，以及北京、成都、陕西、云南等旅游度假区的定额标准进行分析和统计，具体指标见表7-12。

表7-12 我国部分区域分类用气指标

分类	东北地区指标	北京指标	成都指标	陕西指标
常住居民	0.6~1.0 立方米/户	1.0~1.立方米/户	0.8~1.2立方米/户	0.7~1.1立方米/户
普通游客	0.03~0.1立方米/人	0.03~0.1立方米/人	0.03~0.1立方米/人	0.03~0.1立方米/人
旅馆	0.1~0.5立方米/床	0.1~0.5立方米/床	0.1~0.5立方米/床	0.1~0.5立方米/床
别墅	1.0~1.5立方米/户	1.0~1.5立方米/户	1.0~1.5立方米/户	1.0~1.5立方米/户
未预见用气	上述总量的20%~30%	上述总量的20%~30%	上述总量的20%~30%	上述总量的20%~30%

4.避暑休闲地产供气设施标准

因为国家标准仅提出城市人均综合用气量指标，不适合运用于以生活用气为主的避暑休闲地区。因此，避暑休闲区域生活用气量指标，根据多个相关区域居民生活用气量指标资料，以及根据当地的生活习惯、气候条件等具体情况，参照相似区域居民生活用气量指标确定，指标可按人均生活用气0.8~1.5立方米/户选取。

六、环卫设施标准

1.国家标准要求

（1）《城市环境卫生设施规划规范》。

国家标准《城市环境卫生设施规划规范》未对垃圾产量预测方法进行明确规定，但是对相关环卫设施规划布局标准进行了详细规定，如表7-13。

表7-13 公共厕所设置标准

城市用地类别	设置密度（座/平方千米）	设置间距（米）	建筑面积（平方米/座）	独立式公共厕所用地面积（平方米/座）	备注
居住用地	3~5	500~800	30~60	60~100	旧城区宜取密度的高限，新区宜取密度的中、低限
公共设施用地	4~11	300~500	50~120	80~170	人流密集区域取高限密度、下限间距，人流稀疏区域取低限密度、上限间距。商业金融业用地宜取高限密度、下限间距。其他公共设施用地宜取中、低限密度、中、上限间距

注：1.其他各类城市用地的公共厕所设置可按：
(1)结合周边用地类别和道路类型综合考虑，若沿路设置，可按以下间距：主干路、次干路、有辅道的快速路：500~800米。支路、有人行道的快速路：800~1000米。
(2)公共厕所建筑面积根据服务人数确定。
(3)独立式公共厕所用地面积根据公共厕所建筑面积按相应比例确定。
2.用地面积中不包含与相邻建筑物间的绿化隔离带用地。

（2）《镇规划标准》。

根据《镇规划标准》，小城镇生活垃圾日产量可按每人1.0～1.2千克计算。

表7-14 生活垃圾转运站设置标准

转运量(吨/日)	用地面积(平方米)	与相邻建筑间距(米)	绿化隔离带宽度(米)
>450	>8000	>30	≥15
150～450	2500～10000	≥15	≥8
50～150	800～3000	≥10	≥5
<50	200～1000	≥8	≥3

注：1.表内用地面积不包括垃圾分类和堆放作业用地。
2.用地面积中包含沿周边设置的绿化隔离带用地。
3.生活垃圾转运站的垃圾转运量可按标准中的附录B公式计算。
4.当选用的用地指标为两个档次的重合部分时，可采用下档次的绿化隔离带指标。
5.二次转运站宜偏上限选取用地指标。

2. 文献借鉴

参考《旅游度假区市政基础设施规划研究——以朝阳沟为例》，环卫设施规划指标可参考表7-15执行。

表7-15 环卫设施布局规划指标

分类	环卫设施布局规划指标
环卫服务站	1个/3万～15万人
环卫专用车辆	2辆/万人
环卫停车场	200平方米/辆
垃圾转运站	1座/平方千米
公共厕所	1座/2000～3000人

3. 避暑休闲地产环卫设施标准

避暑休闲区域根据重庆市居民习惯和实际情况，采用人均生活垃圾产量指标法进行预测，居民人均生活垃圾产量宜采用1.0～1.2千克/日。

垃圾处理设施规模根据避暑休闲区域垃圾平均日产量规划。

垃圾收集转运设施规模根据最高垃圾产量规划。垃圾转运站占地面积按照200~1000平方米控制，与相邻建筑间距不小于8米，绿化隔离带不小于8米。

公共厕所配置标准遵循国家标准，建议公共厕所设置密度为3~5座/平方千米，设置间距500~800米，建设用地30~60平方米/座。

第五节　避暑休闲地产其他设施配套标准

一、避暑休闲地产配套服务设施特殊性

避暑休闲地产配套设施与一般商品房在基础设施与公共设施方面具备相似性，除了具有与一般商品房配套共性外，最大的区别体现在避暑休闲设施配套方面，在功能、形态、建设等方面存在特殊性。

1. 配套种类特殊

避暑休闲地产配套设施种类与普通商品房在配套设施上存在共性，但避暑休闲地产配套比一般商品住房更为注重休闲度假方面配套，主要包括生态观光、文化体验、康体疗养、商务会议、休闲娱乐等配套设施。

表7-16　重庆市避暑休闲地产休闲配套设施分类

分类	配套设施
生态观光	森林小火车、电瓶车、观景台等
文化体验	特色度假村、特色商业街、特色农场、民族小镇、实景剧场、博物馆
康体疗养	高尔夫球场、马术中心、航空俱乐部、越野俱乐部、滑雪场、漂流中心、户外运动基地、主题公园、汽车营地、露营地、养生俱乐部、SPA会所、养生会所
商务会议	主题酒店、商务会务中心（宴会厅、会议厅、多功能厅、KTV会所、SPA水疗馆等）
休闲娱乐	帐篷旅馆、棋牌室、中餐厅、西餐厅、风情餐厅、红酒坊、咖啡馆、茶室、雪茄吧、格调酒吧、休闲会所（游泳池、攀岩馆、健身房、网球场、羽毛球场、乒乓球馆、壁球馆、沙壶球馆、桌球室、篮球场）

2. 避暑休闲功能突出

避暑休闲地产在基础配套设施与公共服务设施上除了具备普通商品住房一

些基本的功能外，更加注重玩、乐、购等功能的体现，重点表现为在项目规划过程中将经济、景观、生态三位一体，配套设施多样化、智能化，更加体现休闲性。

普通商品住房在休闲设施方面也有涉及，但比较少，功能比较单一。而避暑休闲地产配套设施种类相对较多，功能多样化，其不仅仅满足业主的基本生活需求，更加注重观光休闲、户外放松、养生养老、康体保健、文化体验、商务洽谈、娱乐探险等功能。如大连万达集团在昆明滇池国家旅游区内投资开发的旅游地产项目是集旅游度假、大型休闲体育设施、低密度产权式酒店、别墅等为一体，兼具第一居所和第二居所功能的大型综合度假休闲社区，其配套设施齐全，功能多样化，休闲度假功能尤为突出。

3. 避暑休闲形态特殊

一般商品住房位于城镇，地价相对较高，为集约利用土地资源，商品房项目相应的服务配套设施布局较为紧凑。避暑休闲地产一般位于郊区，用地成本相对较低，且靠近旅游资源丰富、自然环境优美的景区，更便于开发商借景造景。避暑休闲地产配套服务设施整体布局层次明显，不管是单体建筑风格还是整体空间布局，建筑通常与周围环境相协调，与当地的生态环境融合，选址借山、水、景，自然生态，不仅体现景观，更体现融入风景、享受风景，并突出度假区生态、休闲的主题，营造舒缓、恬静、温馨的度假氛围，建筑风格一般体现纯朴、秀美、灵气，形态更趋于自然、和谐，呈现多元化和创新性（图7-1）。

图7-1 避暑休闲地产相关配套设施

4.建设时序特殊性

一般商品房项目是先建设住宅，首先满足居住需求，然后逐步配建相关配套设施。避暑休闲地产项目通常离市区较远，项目开发的前提是完善配套设施，先做休闲旅游后做地产，增强休闲娱乐项目的丰富性和参与性，将观光变为度假，以人气带动区域价值提升，实现休闲度假资源向地产价值的转变。待片区休闲度假设施成熟后，再开发建设住宅。如深圳东部华侨城以文化旅游为主导，先建设主题公园，后融入休闲度假地产，实现旅游主导产业到房地产产业合理过渡，具有鲜明特色的先开发相关旅游配套设施，再开发地产的模式。

二、避暑休闲地产配套服务设施类型及建设标准

根据避暑休闲开发区域地貌形态特征，按照因地制宜的原则，采用带状、核式、双核式、多组团式等布局避暑休闲地产配套服务设施。带状式布局主要受到环境与用地范围的限制，建筑呈带状发展；核式布局是在避暑休闲区中建立中心区，集中配套商业、住宿、娱乐等服务设施，配套设施通过交通道路围绕中心区分散布置；双核式布局主要依托城镇，在区内建立辅助型服务中心，此布局模式适用于风景名胜区或自然保护区周围的避暑休闲度假区；多组团式布局是目前旅游度假区开发较为常用的布局模式，配套设施布局于城镇周边地区，适用于全面开发区域。上述布局模式的共同特点是以自然环境为核心，游憩活动在自然背景中辅以适量人工设施开展（图7-2）。

 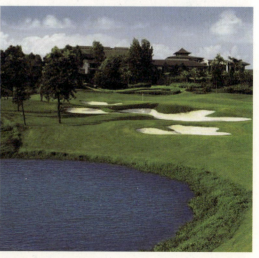

图7-2 避暑休闲地产相关配套设施布局

1. 山地型避暑休闲地产配套服务设施种类及建设标准

（1）典型山地型避暑休闲地产配套设施案例分析。

从国际、国内、重庆市三个层面，分别选取瑞士阿尔卑斯山因特拉肯（Interlaken）小镇、万达长白山国际旅游度假区、武隆仙女山雪岭仙山三个山地型旅游地产开发成功案例，剖析其配套设施情况，为重庆市山地型避暑休闲地产配套设施的种类及规模预测提供参考和借鉴。

①瑞士阿尔卑斯山因特拉肯小镇。

因特拉肯是瑞士阿尔卑斯山脉脚下的一个观光小镇，是瑞士最古老的旅游和疗养地之一，面积4.4平方千米。因特拉肯小镇周边的旅游景点主要为"两湖一山"，即少女峰、布里恩茨湖和图恩湖。小镇充满古老的文化气息，是维多利亚式度假胜地（图7-3）。

图7-3 因特拉肯小镇

因特拉肯独特的阿尔卑斯山地景观及优质的休闲度假地产配套设施，使其休闲度假业蜚声国内外。我国深圳东部华侨城借鉴其成功开发经验，成为中国旅游地产的标杆。因特拉肯的配套设施主要包括交通、节事、山地运动、购物娱乐、饮食等。

交通配套设施：特色火车、脚踏车、渡轮和摩托车等配套设施。

节事配套设施：传统节日阿尔卑斯牧羊人节的配套设施。

山地运动配套设施：爬山步道、网球及高尔夫球、滑雪场、溜冰场等配套设施。

购物娱乐配套设施：何维克街、科萨尔赌场、民谣、舞蹈表演。

饮食配套设施：传统的瑞士餐厅等。

②万达长白山国际旅游度假区。

万达长白山国际旅游度假区位于长白山国际度假区的中心，紧邻营抚高速和松江河镇火车站，距长白山机场10千米，距天池20千米。分为南北两区，总用地面积18.34平方千米，其中建设用地11.5平方千米。度假区借鉴欧美滑雪小镇的开发形式，配套多种功能设施，项目酒店区环绕度假小镇布局并均依山而建，充分体现出国际级旅游度假区的高端品质（图7-4）。

图7-4　万达长白山国际旅游度假区

项目分为南北两区，集旅游、会议、休闲、商业、娱乐等功能于一体，以冰雪运动为品牌，以体育休闲、度假疗养、商务会议和自然观光为主导。南区的配套设施以度假小镇为核心，其中酒店环绕小镇布局，形成旅游度假村的核心区域。酒店区共规划9个酒店，客房数约3000间。一期将建设包括六星级柏悦、威斯汀酒店，五星级凯悦、喜来登酒店等酒店群。此外，还配套有商业步行街、剧院、萨满博物馆、滑雪场、高尔夫球场、温泉洗浴中心、影城、KTV、电玩、人工湖等设施。

北区为长白山旅游服务区，在建设"长白山·明珠""长白山·北纬41°"等精品住宅的基础上，配套抚松新城行政中心、文化中心、长白山万达广场、学校（四所幼儿园，两所小学，一所初高中部中学）、医院等设施。

③武隆仙女山雪岭仙山。

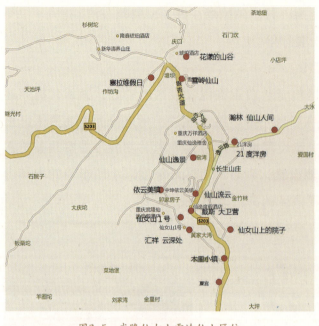

武隆仙女山旅游地产依托国家5A级景区仙女山，整合其丰富的景观资源、得天独厚的气候资源，经过多年的开发，相关的酒店、游乐等基本配套设施逐渐成熟，现已成为重庆市避暑休闲地产市场知名品牌（图7-5）。

图7-5　武隆仙女山雪岭仙山区位

聚集在仙女山的房地产开发企业有芳草地、远大置业、隆鑫、汇祥等十余家，旅游地产项目包括有隆鑫花漾的山谷、戴斯大卫营、仙女山1号、芳草地雪岭仙山、依云美镇等，单个项目面积均在200亩（1亩≈666.7平方米）以上。

雪岭仙山地产项目占地1000亩，建筑面积为35万平方米，总容积率为0.6，绿化率为65%，其物业类型为洋房、复合别墅、独栋别墅、双拼别墅，是目前仙女山新区规模最大的开发项目。该项目分为6个超大组团，将历时3～5年分期开发，是集休闲、度假、旅游、商业配套、户外运动为一体的大型高端复合社区，为都市精英打造"第二居所"（图7-6）。

图7-6　武隆仙女山雪岭仙山

商业配套：仙山格兰大道、重客隆超市、黄桷树大酒楼、德庄火锅、果果甜品等。

避暑休闲度假服务配套设施：中央运动公园（足球场、篮球场、羽毛球场、慢坡跑道、自行车道）、网球场、儿童戏沙乐园、峡谷原生态露营地、啤酒广场、巴萨休闲运动公园、林野公园、烤吧等。

通过对上述三个案例分析发现，其山地型休闲度假地产的配套设施具有以下共同点：第一，休闲度假配套设施侧重于山地运动、山地观光等功能。第二，配套设施因地产项目功能而异，如瑞士阿尔卑斯山因特拉肯以观光度假功能为主导，其配套设施偏重于户外运动、民俗体验等功能。第三，地产项目品质不同，配套设施种类不同，如长白山度假区着重打造高端品质地产，主要针对高收入消费群体，其配套设施主要为星级酒店、高尔夫球场、剧院等。而武隆雪岭仙山的开发品质为中高端，其配套设施则主要为重客隆超市、中央运动公园、啤酒广场、烤吧等大众消费项目。

（2）山地型避暑休闲地产配套服务设施种类及建设标准。

根据上述分析并结合《城市用地分类与规划建设用地标准》《城市居住区规划设计规范》，初步拟出重庆市山地型避暑休闲地产配套服务设施及建设标准。

表7-17　重庆市山地型避暑休闲地产配套服务设施

分类	配套设施
生态观光	侧重山体观光，如森林小火车、缆车、观景台等
文化体验	项目功能不同种类不同，一般配套特色商业街、特色农场、民族小镇、实景剧场、博物馆等
康体疗养	侧重山体运动，如配套户外运动基地、高尔夫球场、滑雪场、漂流中心、主题公园、汽车营地、露营地、养生俱乐部、SPA会所、养生会所等
商务会议	一般休闲度假地产项目无此配套设施，一般配套主题酒店、商务会务中心（宴会厅、会议厅、多功能厅、KTV会所、SPA水疗馆等）等
休闲娱乐	一般配套帐篷旅馆、棋牌室、特色餐厅、咖啡馆、茶室、酒吧、休闲会所（游泳池、攀岩馆、健身房、网球场、羽毛球场、乒乓球馆、壁球馆、沙壶球馆、桌球室、篮球场）等

生态观光配套设施：山地型主要有森林小火车、缆车、观景台等配套设施，森林小火车、缆车车辆总数根据旅游景区的算法进行测算，观景台则根据以下公式计算：

$$森林小火车（缆车）车辆总数 = \frac{一天内最大乘客人数}{一辆小火车人口容量 \times 运行次数}$$

观景台面积 = 人均占地面积 × 人口总数（根据人口总量进行分时分段推测）

文化体验配套设施、康体疗养配套设施、商务会议配套设施、休闲娱乐配套设施中的规模测算，按照人均占地面积乘以人口规模得到设施总面积，其中人均占地面积指标为关键点。借鉴日本旅游场所空间基本标准、《旅游景区游客容量计算通用规范》，将重庆市山地型避暑休闲地产配套服务设施建设标准设置为如表7-18所示。

表7-18　重庆市山地型避暑休闲地产配套服务设施建设标准

配套设施类别	人均基本空间标准	备注
水浴区	20 平方米/人	公共游泳池或温泉设计标准
滑雪场	80 平方米/人	根据实际情况配建
高尔夫球场	0.2~0.3 公顷/人	9~18洞高尔夫，按市场需求配建
骑马场	30 平方米/人	—
游步道	5~10 平方米/人	—
登山步道	10~20 平方米/人	—
露营地	200 平方米/人	—
牧场、果园	80~100 平方米/人	以葡萄园为例

休闲度假配套场所面积计算公示如下：

$$A = \frac{T_0}{T} \times C \times A_0$$

式中：A为配套场所面积；

T为每日开放时间；

T_0为人均每次利用时间；

C为避暑休闲地产区使用该设施的总人数；

A_0为人均基本空间标准。

2. 湖泊型避暑休闲地产配套服务设施种类及建设标准

（1）典型湖泊型避暑休闲地产配套服务设施案例分析。

选取美国Admirals Cove Marina、广东狮子湖旅游地产、重庆丰都澜天湖三个湖泊型休闲地产开发成功案例，分析其配套设施情况，为重庆市湖泊型避暑休闲地产配套设施的种类及规模预测提供参考和借鉴。

①美国Admirals Cove Marina。

项目位于美国佛罗里达朱比特区，占地约76公顷，在景观上属于临海岸线的内部水系类型。

将住宅地产与高尔夫球场、游艇码头融合设计，结合水体景观，创造水中果岭的效果，借此提高住宅群落的视觉感官，同时提供与众不同的高尔夫体验；施行社区独立管理，保障了客户极高的私密性；水网设计打破常见模式，收放有序；配套设施齐备，满足客户的多种需求（图7-7）。

图7-7　美国 Admirals Cove Marina

配套设施主要有游艇码头（各家各户独自拥有）、健身中心、水疗中心、水上运动中心等。

②广东狮子湖旅游地产。

该项目三面邻水，被北江和大堰河环抱，与内部发达的湖泊水库形成发达的水网体系。项目总占地面积约1.26万亩，主打4大功能主题，分别是以主题酒店为代表的高端会议度假，以特色化温泉为载体的保健养生，以高尔夫、游

图7-8 地中海会议休闲中心项目分布图

艇等为代表的高端休闲运动，以滨水景观别墅为代表的高端滨水居住，形成四大板块，分别为地中海会议休闲中心、碧水丹山高尔夫板块、翡翠温泉养生谷板块、国际游艇人居板块，并围绕各个板块的居住地产进行配套设施建设（图7-8）。

地中海会议休闲中心：配套阿拉伯会议酒店、爱琴海度假酒店、会议中心、游艇码头、威尼斯风情主题商业街、餐饮酒吧、购物休闲、表演娱乐等主要设施。

碧水丹山高尔夫板块：配套有高尔夫球场、碧水丹山高尔夫球会。

翡翠温泉养生谷板块：主要打造印度风情温泉养生中心，配套有养生会所、运动会所、温泉公园等。

国际游艇人居板块：主要以生态滨水景观和游艇的生活方式为特色，以高端生活方式引领住宅系列产品；配套主要有游艇俱乐部、游艇别墅等。

图7-9 丰都澜天湖彩虹湾总体规划平面图

③重庆丰都澜天湖。

在丰都打造的澜天湖国际度假区，占地规模达到23平方千米，项目位置距离丰都43千米，距离仙女山镇47千米。目前推出一期全部为返租式酒店产品，每年返总房款的6%，连续7年，返租期内每年享有30天度假时长（图7-9）。

项目配套：12个主题酒店，跑马场，航天俱乐部，越野赛道，森林小火车，中央花谷，另有四大主题公园，还有高山滑雪场，2个18洞高尔夫球场等。

（2）重庆市湖泊型避暑休闲地产配套设施种类及建设标准。

根据上述分析并结合《城市用地分类与规划建设用地标准》《城市居住区规划设计规范》，重庆市湖泊型避暑休闲地产配套服务设施种类及建设标准如下。

表7-19　重庆市湖泊型避暑休闲地产配套服务设施种类

分类	配套设施
生态观光	侧重水上观光，如游船、水上自行车等
文化体验	项目功能不同，种类不同，一般配套特色商业街、水景剧场等
康体疗养	侧重水上运动，如配套游艇俱乐部及游艇码头、水上运动中心（水上自行车、摩托艇、游船）、垂钓俱乐部、温泉疗养中心（视项目资源和功能而定）等
商务会议	视功能而定，综合性休闲度假地产才有此配套设施，种类主要有主题酒店、商务会务中心（宴会厅、会议厅、多功能厅、KTV会所、SPA水疗馆等）等
休闲娱乐	一般配套帐篷旅馆、棋牌室、特色餐厅、咖啡馆、茶室、酒吧、休闲会所（游泳池、健身房、网球场、羽毛球场、乒乓球馆、篮球场）等设施

文化体验配套设施、康体疗养配套设施、商务会议配套设施、休闲娱乐配套设施中的配套标准，总体思路是采用人均占地面积乘以人口规模得到设施总面积，其中人均占地面积指标为关键点。现借鉴日本旅游场所空间基本标准、《旅游景区游客容量计算通用规范》，重庆市湖泊型避暑休闲地产配套服务设施建设标准如表7-20。

表7-20　重庆市湖泊型避暑休闲地产配套服务设施建设标准

配套设施类别	基本标准	备注
水浴区	20平方米/人	公用游泳池或温泉
码头：小型游艇	2.5~3公顷/艘	—
汽艇	8公顷/艘	—
划船	100平方米/艘	—
垂钓区	80平方米/人	—
游步道	5~10平方米/人	—
登山步道	10~20平方米/人	—

休闲度假配套场所面积计算公示如前。

3. 峡谷型避暑休闲地产配套设施种类及规模

（1）典型峡谷型避暑休闲地产配套服务设施案例分析。

选取美国黑莓牧场、浙江莫干山裸心谷、重庆黑山谷奥陶纪旅游度假区三个峡谷型休闲地产开发成功案例，分析各项目配套设施情况，为重庆市峡谷型避暑休闲地产配套设施的种类及规模预测提供参考和借鉴。

①美国黑莓牧场。

黑莓牧场是一个有70多年历史的著名私人牧场，坐落在田纳西大烟山脚下，拥有美国最奢华的乡村酒店，总占地面积为4200英亩（25495市亩），主要由广阔山脉林地和相对集中的度假活动区域组成（图7-10）。

图7-10　美国黑莓牧场区位示意图

居住区在面向大峡谷的斜坡上修建，每栋住所风格各有千秋，根据使用者的数量设计了不同规格。别墅区位于度假村Poughill，配有酒馆和邮局，完善多样的配套是其地产成功的秘诀之一。

度假村的住宿区共提供三种类型的住宿场所，农舍（Farm House）、宾馆（Guest House）、别墅（Cove Cottage），共计大约60多个单位；内部设备一应俱全，遥控电视、无线宽带、常备非酒精的饮料和快餐，可视电视设备，提供24小时随叫随到服务。

配套设施主要分为商业、餐饮会议、农园、动物牧园、体育运动、住宿6部分，其中商业配套设施主要由接待中心和一些营业场馆组成，包括纪念品销售、活动服务馆；餐饮会议配套设施主要由接待会议的主楼和各类特色餐厅组成；农园配套设施主要由大片的果树林、菜园、农舍和加工场所组成；动物牧园配套设施由放养牛、羊等牲畜的牧场地和舍馆组成；体育运动配套设施主要由高尔夫球场、网球场等运动活动场所及养生的SPA馆组成；住宿区配套设施主要有酒馆、邮局、私人花园、室内泳池、游戏室、天井、BBQ等。

②浙江莫干山裸心谷。

图7-11　裸心谷度假村

裸心谷度假村位于浙江省田园胜地莫干山，距离上海两个半小时车程，距离杭州半小时车程，是一个由水库、翠竹、茶林以及数个小村庄环绕的豪华度假村。裸心谷度假村主要由裸心乡和裸心谷两个度假村项目组成（图7-11）。

第一个度假村项目——裸心乡，于2007年开业，占地150亩，利用充满乡土气息的农舍改建而成的居所，提供返璞归真、回归本源的体验，成为释放工作压力的理想去处。

第二个度假村项目——裸心谷，于2011年开业，占地360亩，将裸心的理念提升至全新高度，强调可持续理念的豪华养生中心兼牧马自然保护区（图7-12）。

图7-12　裸心乡（左）、裸心谷（右）

裸心谷度假村共121间客房，设置有40个夯土小屋，30栋树顶别墅（2房，3房，4房），配套有会所、茶艺馆，竹艺馆、陶艺馆、有机餐厅、水疗中心、会议中心、高尔夫球场、马球场等配套设施。

表7-21　裸心谷度假村配套设施与娱乐项目详情

类别	名称	位置	功能
配套设施	会所	山坡高地或水旁	可以俯瞰大草坪和马场,还可在会所游泳池畔小憩,享受宁静,同时会所餐厅会提供各种精致简餐
	裸心馆	湖边	分别是茶艺馆、竹艺馆、陶艺馆及项目馆,可以在这里品尝莫干山白茶,顺便自己炒茶,欣赏莫干山的自然资源——竹子,最后,在陶艺馆,体验陶艺的完美
	Kikaboni餐厅		有机餐厅酒吧,是裸心谷最引以为傲的餐厅,装潢及菜色融合了亚洲及非洲的风格,以当季最新鲜的食材为主,满足来宾的味蕾
	池吧	裸心谷	最有特色的梯田酒吧,在此可以享用一份健康美味的西式简餐,外送服务可以将您的餐点送到度假村的任何角落——自家阳台、林木深处、游泳池畔或自己的房间,池吧还提供各种鸡尾酒、红酒
	裸叶水疗中心	密林中	按摩师可提供一系列服务,足底按摩,泰式按摩,全身精油按摩;还有专业的理疗师根据个人的特点,量身定制一套个人的完整疗程,包括运动、饮食及理疗;另外在景观休憩区,还可以做脚底按摩和其他美容项目,一边赏景一边放松
	会议中心		拥有最先进的影音设备,可容纳200人的主会议厅,一楼的会议厅还可举办大型会议,会议中间休息还可俯瞰茶园,会议结束后还可以举办一场森林中的野宴,另外还有露天剧场可以举办派对活动
娱乐项目	骑马		针对不同年龄开办骑乘课程,为客人提供马背骑乘的机会
	瑜伽	裸心小馆	提供私人瑜伽课程
	爬山和山地车		裸心漫步,在赏美景的同时让身心焕然一新;向导还会安排60分钟的山地车骑行活动
	书法课		为初学者或稍有基础的人开办书法课程
	高尔夫	裸心谷附近	有几个高尔夫球场,竹林环抱,河水流淌,为高尔夫玩家创造出更多挑战
	渔乐		可提供所有的钓鱼器具,包括交通和饮品,沉浸在大自然中享受渔趣
	采茶	裸心谷	有一片白茶园,每年在特定的时节,宾客可以自己采茶、炒茶、品茶

续表

类别	名称	位置	功能
娱乐项目	小芽乐园		为3~12岁的孩子开辟的乐园，同时提供保姆服务，还有不允许成人参加的睡衣派对
	裸心泳池	山谷中心	品着鸡尾酒，沉醉在群山的怀抱中

③重庆黑山谷奥陶纪旅游度假区。

奥陶纪旅游度假区位于黑山谷南门5千米处，重点依托国家5A级景区万盛黑山谷，主体功能为观光旅游、度假休闲、人文商业、商务会议等。项目建筑面积46万平方米，容积率为0.3，绿化率为75%，包含住宅、商业、酒店等物业（图7-13）。

开发商资金雄厚，依附于5A级景区，配套酒店、商业等设施，以带动其旅游地产的发展。

景区将建立起以体验式游览为核心，休闲、商业、度假为综合配套，特色影视文化体验为延展支撑的一体化开发模式，建设集"观光旅游、度假休闲、人文商业、商务会议"为一体的国家5A级景区中的旅游度假中心，其配套设施主要围绕4大主题景区进行布局。

奥陶纪石林主题景区配套设施主要有：三叠水景观、石林迷宫、石林盆景、寒冰洞、快乐秘境、拓展基地、CS基地、露营烧烤场等。

南峰山登山游览主题景区配套设施主要有：登山健康步道、南峰庙、野营主题酒店(4星级)等。

奥陶纪远古文化影视主题景区配套设施主要有：儿童历奇乐园、奥陶纪5D地质体验馆、远古文化演艺场、木寨外景场、草寨外景场、石寨外景场等。

避暑休闲度假区配套设施主要有：鸟巢酒店(六星级)、凌崖会议酒店(五星级)、

图7-13 重庆黑山谷奥陶纪旅游度假区区位图

凌崖会议中心、镜湖、商业风情街等。

（2）重庆市峡谷型避暑休闲地产配套服务设施种类及建设标准。

根据上述分析并结合《城市用地分类与规划建设用地标准》《城市居住区规划设计规范》，重庆市峡谷型避暑休闲地产配套服务设施种类及建设标准如表7-22。

表7-22　重庆市峡谷型避暑休闲地产配套设施种类

分类	配套设施
生态观光	侧重峡谷观光，如电瓶车、缆车、观景台、栈道等
文化体验	项目功能不同种类不同，一般配套特色商业街、特色农场、民族小镇、实景剧场等
康体疗养	侧重峡谷运动，如配套攀岩基地、直升机场、热气球体验中心、漂流中心、汽车营地、露营地、养生俱乐部、SPA会所、养生会所等
商务会议	综合性休闲度假地产才有此配套设施，种类主要有主题酒店、商务会务中心（宴会厅、会议厅、多功能厅、KTV会所等）等
休闲娱乐	一般配套棋牌室、特色餐厅、咖啡馆、茶室、酒吧、休闲会所（游泳池、健身房、网球场、羽毛球场、乒乓球馆、桌球室、篮球场）等设施

其中基础设施配套、公共设施配套为避暑休闲地产居民生活所必需配套，其标准可参照城市相关规划及《城市居住区规划设计规范》，下面阐述休闲度假配套设施的规模预测方法。

生态观光配套设施：峡谷型主要有电瓶车、缆车、观景台等配套设施，电瓶车、缆车车辆总数及观景台面积根据旅游景区的算法进行测算，公式如前所述；休闲度假配套场所面积计算公式也如前所述。

表7-23　重庆市峡谷型避暑休闲地产配套设施标准

配套设施类别	基本标准	备注
直升机停机坪	20米×20米/架	按需求配建
游步道	5~10平方米/人	—
登山步道	10~20平方米/人	—
露营地	200平方米/人	—

参考文献

[1] 韩霞.论旅游地产成功的条件[J].特区经济,2013(5):108-110.

[2] 张雪晶.旅游房地产开发模式研究[J].商场现代化(学术版),2005(5):38-39.

[3] 蔡云.国际旅游地产发展历史沿革[J].中国房地产业,2012(5):44-51.

[4] 王志刚.加快房地产业发展的对策研究[J].经济师,2004(4):271,282.

[5] 谢刚.试析深圳华侨城总体规划特色[J].科技资讯,2005(25):118-119.

[6] 陈晓恬,任磊.山地与滨水旅游度假村的建筑空间组织[J].上海建设科技,2005(1):17-20.

[7] 吴海瑾.产业融合、产业创新与经济发展方式转变[J].科技与经济,2009,22(1):50-52.

[8] 程锦,陆林,朱付彪.旅游产业融合研究进展及启示[J].旅游学刊,2011,26(4):13-19.

[9] 刘艳红.旅游房地产业形成的分蘖理论分析[J].生产力研究,2004(3):131-132.

[10] 杨震,赵民.论市场经济下居住区公共服务设施的建设方式[J].城市规划,2002,26(5):14-19.

[11] 韩楚.中国旅游地产投资现状分析[J].产业经济,2013(3):239.

[12] 田杰芳,魏庆朝.BOT方式及其在城轨交通建设中的应用[J].都市快轨交通,2004(S1):38-42.

[13] 重庆市统计局,国家统计局重庆调查总队.2009年重庆市国民经济与社会发展统计公报[J].重庆统计,2010(5):5-12.

[14] 刘玲莉,周建华."峡谷地貌"旅游风景区的生态规划设计——以彭水阿依河风景区规划设计为例[J].南方农业,2011,5(2):48-51.

[15] 叶陈云,罗会强.BOT模式及其对我国高速铁路融资的启示[J].财会通讯,2007(3):92-94.

[16] 孔素民.BOT、TOT融资模式之比较评析——以经济分析法学为视角[J].阴山学刊,2005,18(1):69-73.

[17] 胡进华.BOT、TOT、ABS三种项目融资方式的风险分析及应用[J].项目管理技术,2009(S1):84-87.

[18] 李天元.旅游学概论（第六版）[M].天津：南开大学出版社,2009.

[19] 李德华.城市规划原理[M].北京：中国建筑工业出版社,2001.

[20] 赵民,陶小马.城市发展和城市规划的经济学原理[M].北京：高等教育出版社, 2001.

[21] 中华人民共和国建设部.商品房销售管理办法[M].北京：中国建筑工业出版社, 2001.

[22] 重庆市统计局.2015年重庆市1%人口抽样调查主要数据公报[M].北京：中国统计出版社,2015.

[23] 谢宇婷.基于置业比和GIS旅游地产市场的需求研究——以重庆为例[D].西安：长安大学,2014.

[24] 张明明.我国旅游地产投资分析[D].天津：天津大学,2008.

[25] 闫妮.休闲度假旅游房地产发展研究[D].南京：东南大学,2008.

[26] 丁锐.旅游地产的功能定位及评价研究——以西安XX项目为例[D].西安：西安建筑科技大学,2009.

[27] 朱峰.城市湿地旅游地产规划研究——以苏州金鸡湖景区为例[D].扬州：扬州大学, 2013.

[28] 李林.山地建筑设计的规律及思路研究[D].成都：四川大学,2004.

[29] 陈煜.山地型旅游地产规划设计研究——以大理海东·半山居旅游地产规划设计为例[D].昆明：昆明理工大学,2013.

[30] 陈南江.滨水度假区旅游规划创新研究[D].上海：华东师范大学,2005.

[31] 荣丽华.内蒙古中部草原生态住区适宜规模及布局研究[D].西安：西安建筑科技大学,2004.

[32] 卿乐平.旅游度假地产开发研究——以庐山西海旅游度假地产为例[D],合肥：安徽大学,2013.

[33] 潘福超.天津市居住区配套设施问题调查研究[D].天津：天津大学,2009.

[34] 沈飞.旅游房地产悄然起步[N].中国经营报,2001-6-28.

附　录

附录一　重庆市人民政府办公厅关于印发重庆市避暑休闲地产规划(2014—2020年)的通知

重庆市避暑休闲地产规划（2014—2020年）

为满足市民避暑休闲需求，引导避暑休闲地产合理开发和有序发展，形成规模适度、供需平衡、配套完备、管理规范、生态环保的避暑休闲地产产业体系，依据国家和重庆市有关法律法规及有关规划，特编制本规划。

一、总体要求

（一）指导思想

依据各区域发展定位，充分发挥重庆市山区面积大、避暑休闲资源丰富的优势，以人口资源环境相均衡、经济社会生态效益相统一的生态文明理念为引领，坚持"统一规划、市场引导、分期实施、保护生态、注重品质"的开发原则，确保避暑休闲地产产业健康有序发展。

（二）规划原则

1．特色资源、特色产业。依托全市特别是渝东北片区、渝东南片区和渝西片区中海拔较高（主要在800～1500米）、夏季气温适宜（20～25℃）、森林资源丰富的特色资源，因地制宜发展高品质的避暑休闲地产。

2．统一规划、合理布局。依托场镇、旅游景区等基础设施和公共服务配套完善的区域，科学选址，适度规模，集中打造。

3．市场导向、分期实施。充分发挥市场引导作用，合理确定开发规模和开发时序，以市场需求为导向，以完善基础设施为前提，成熟一批，实施一批，实现避暑休闲地产市场稳步有序发展。

4．规划衔接、协调推进。以土地利用总体规划、城乡总体规划为依据，与旅游、林业、环保、交通、水利、电力等专项规划相衔接，市级部门和区县（自治县）通力合作，协调推进，确保规划目标实现。

（三）规划范围和期限

1．规划范围。在重庆市行政区域范围内，按照气温、海拔等自然条件综合确定的适宜避暑区域（主要分布在海拔800～1500米区域），涉及万州区、黔江区、涪陵区、巴南区、江津区、南川区、綦江区、梁平区、城口县、丰都县、垫江县、武隆区、忠县、开州区、云阳县、奉节县、巫山县、巫溪县、石柱县、酉阳县、彭水县、万盛经开区等22个区县（自治县、开发区）。

2．规划期限。基期年：2013年。规划期：2014—2020年，展望至2030年。

专栏1　避暑休闲地产概念及特点

避暑休闲地产概念：重庆夏季气候炎热的背景下，在一定海拔（主要在800～1500米）、夏季气候适宜、居住环境舒适的地区，依托现有场镇或旅游景区开发的具有避暑休闲居住功能的商品住宅。

避暑休闲地产特点：1.主要分布在海拔800～1500米、夏季气温在20～25℃的区域；2.居住使用主要集中在夏季；3.规划选址主要依托城镇或旅游景区；4.规划建设标准有别于城市居住区。

二、发展现状及机遇和挑战

（一）发展现状及特点

截至2013年年底，全市已开发建设避暑休闲地产项目108个，用地997公顷，综合容积率1.17，总建筑面积1162万平方米，21.3万套，住宅面积占92%，配套设施面积占8%，住宅户均面积约50平方米。其中：已竣工项目55个，用地189公顷，建筑面积234万平方米4.3万套；在建项目53个，用地808公顷，建筑面积928万平方米17万套。

上述开发项目中，累计已销售12.2万套，未销售9.1万套。2013年，销售价格在4500～8000元/平方米，建筑面积均价约5600元/平方米。

附表1-1　重庆市避暑休闲地产发展现状统计表

片区	地区	已开发项目数（个）			已开发项目建筑面积（万平方米）			已开发项目用地面积（公顷）		
			其中：已竣工	其中：施工		其中：已竣工	其中：施工		其中：已竣工	其中：施工
渝西片区	涪陵	1	—	1	170	—	170	114	—	114
	江津	7	2	5	30	14	16	32	12	20
	南川	14	12	2	43	15	28	44	13	31
	綦江	32	19	13	116	16	100	149	7	142
	万盛	15	9	6	268	60	208	232	44	188
	小计	69	42	27	627	105	522	571	76	495
渝东北片区	万州	4	1	3	30	9	21	28	13	15
	丰都	2	—	2	130	—	130	116	—	116
	云阳	1	—	1	14	—	14	14	—	14
	巫山	4	2	2	67	1	66	51	1	50
	小计	11	3	8	241	10	231	208	14	194
渝东南片区	武隆	15	5	10	206	88	118	152	73	79
	石柱	11	4	7	75	27	48	55	22	33
	彭水	2	1	1	13	4	9	10	4	6
	小计	28	10	18	294	119	175	217	99	118
	合计	108	55	53	1162	234	928	997	189	808

1. 住宅户均面积50平方米左右，主力户型为单间配套和一室一厅的小户型。
2. 消费群体以主城区居民为主，占70%以上。
3. 主要集中分布在海拔800～1500米的区域，居住使用时期主要集中在夏季。

（二）存在的问题

1．规划滞后，存在无序、过度开发问题。由于相关规划滞后，部分区域开发建设缺乏统筹规划，存在无序开发和过度开发的问题。

2．发展不均衡，存在分布过度集中问题。我市已开发的避暑休闲地产主要集中在武隆仙女山、万盛黑山谷和石柱黄水三地，三地已竣工项目约占全市75%，发展不均衡。

3．配套不足，存在居住品质有待提高问题。部分已开发区域的交通、供水、污水垃圾处理等基础配套以及医疗卫生等公共服务配套不足，居住品质有待提高。

（三）发展机遇

1．丰富的避暑休闲资源，提供了发展空间。经过避暑气候资源综合评价，全市具备避暑气候资源的区域面积约为2.7万平方千米，主要分布在大娄山、大巴山、武陵山等山脉，涉及23个区县（自治县、经济开发区），为避暑休闲地产的发展提供了充足空间。

2．居民消费升级，提供了广阔的市场前景。2013年重庆市人均GDP已达6910美元，服务和享受型消费比重不断提高，居民住房需求已逐步由单一居住型向品质型、功能型需求转变，加之重庆酷暑持续时间长，避暑休闲已成为居民夏季主要休闲方式，同时人口老龄化对避暑休闲地产的潜在需求较大。根据抽样调查，全市中高收入城镇家庭中约有10%的家庭有购买避暑休闲地产意愿，为避暑休闲地产的发展提供了广阔的市场前景。

3．交通基础设施的不断完善，提供了发展基础。2013年年底，全市私人汽车保有量148万辆，并以每年约27%的速度增加。到2020年重庆市铁路运营里程将达2300千米，区县（自治县）铁路覆盖率将达80%。交通基础设施的逐渐完善、全市私家车拥有量的持续增加为避暑休闲地产的发展提供了基础。

（四）面临的挑战

1．资源分布不集中，配套建设难度大。重庆市可利用避暑休闲资源空间分布分散，整合开发以及基础设施和公共服务设施配套配建成本高，难度较大。

2．消费需求具有不稳定性，市场波动大。避暑休闲地产需求市场易受宏观经济形势、房地产调控政策等影响，具有不稳定性，市场波动相对较大。

3．开发区域生态相对脆弱，生态环境保护任务重。重庆市避暑休闲资源近90%分布在渝东北片区和渝东南片区，该区域是国家重点生态片区，生态相对脆弱，开发建设过程中生态环境保护任务相对较重。

三、发展目标及布局

（一）发展目标

1．开发建设规模。至规划期末，重庆市规划累计建设避暑休闲地产78.3万套、总建筑面积4161万平方米。规划期内重点发展20个片区，规划新增避暑休闲地产57万套、总建筑面积3000万平方米（住宅2850万平方米，配套设施150万平方米），其中优先集中成片打造片区新增开发建筑面积2080万平方米。

2．建设用地规模。至规划期末，重庆市避暑休闲地产累计使用建设用地4744公顷。规划期内重点发展20个片区，规划新增用地规模3750公顷，其中优先集中成片打造片区新增用地规模2600公顷。

3．开发建设品质。新建项目容积率不大于1.2，建筑密度25%～35%，建筑限高20米，居住区配套设施建筑面积比例5%左右。绿色建筑建设面积比例达50%以上，成品住宅率达50%以上，物业管理覆盖率达100%。

附表1-2　重庆市避暑休闲地产发展目标表

指标分类	序号	指标名称	单位	2013年末	2014—2020年	规划期末	指标属性
建设规模	1	规划建设套数	万套	21.3	【57】	78.3	预期性
	2	规划建设规模	万平方米	1161	【3000】	4161	预期性
	3	住宅规划建设规模	万平方米	1068	【2850】	3918	预期性
	4	规划配套设施规模	万平方米	93	【150】	243	预期性
	5	规划建设用地规模	公顷	994	【3750】	4744	预期性
开发建设品质	6	物业管理覆盖率	%		100		约束性
	7	成品住宅率	%		50		约束性
	8	绿色建筑面积比例	%		50		约束性
	9	居住区配套设施建筑面积比例	%	8	5		预期性

注：1．【　】为规划期内新增加值；
2．规划建设规模由住宅规划建设规模和规划配套设施规模组成。

（二）资源分布

1．避暑气候资源区域。经过避暑气候资源综合调查评价，全市具备避暑气候资源的区域面积约2.7万平方千米，主要分布在大娄山、大巴山、武陵山等山脉，涉及23个区县（自治县、经济开发区）。其中主城区面积和渝西片区面积约0.3万平方千米，约占11.6%，渝东北片区面积约1.4万平方千米，约占50.6%，渝东南片区面积约1万平方千米，约占37.8%。

<table>
<tr><td colspan="2" style="text-align:center">专栏2 避暑气候资源区域选择说明</td></tr>
<tr><td>重庆地处四川盆地东南缘，北部、东部和南部分别位于大巴山、武陵山、大娄山等山脉，西北部和中部以丘陵、低山为主，立体气候显著，适宜避暑资源丰富。借鉴中国避暑旅游城市综合评价体系、避暑气候资源指数和加拿大米茨科夫斯基旅游气候指数，结合重庆市地形地貌、气候资源等特征，综合平均海拔、夏季平均气温、夏季相对湿度、夏季平均风速、年总日照时数、年降水量等6个避暑休闲资源选择评价指标进行评价，全市具备避暑气候资源的区域面积为2.7万平方千米。</td></tr>
</table>

2. 适宜开发建设区域。在全市避暑资源区域中，扣除坡度25%以上不宜规模开发建设区域、地质灾害高发区、基本农田保护区、禁止开发区（自然保护区、世界自然遗产、国家及市级风景名胜区、国家及市级森林公园、国家湿地公园、国家地质公园、重要水源地、历史文化名城核心区、重要水源水库及其保护区等核心区域），结合区县（自治县）产业发展规划和土地资源条件，全市适宜避暑休闲地产开发的可建设用地面积约100平方千米，共46个片区，主要分布在渝南大娄山、渝东北大巴山、渝东南武陵山三大区域。其中渝南大娄山避暑开发区域可建设用地面积约44平方千米，约占44%，渝东北大巴山避暑开发区域可建设用地面积约36平方千米，约占36%，渝东南武陵山避暑开发区域可建设用地面积约19平方千米，约占19%。

附表1-3 重庆市避暑休闲地产可建设片区（46个）一览表

开发区域	片区名称	依托场镇	涉及区县
渝南大娄山避暑开发区域（占总可建设用地面积的44%）	马武片区	马武镇	涪陵区
	黑山片区	黑山镇、丛林镇、石林镇、青年镇、关坝镇	万盛经开区

开发区域	片区名称	依托场镇	涉及区县
渝南大娄山避暑开发区域（占总可建设用地面积的44%）	古剑山片区	古南街道	綦江区
	丁山湖片区	郭扶镇、丁山镇	
	天台山片区	横山镇、三角镇	
	四面山片区	四屏镇、四面山镇、柏林镇	江津区
	大圆洞片区	永兴镇	
	滚子坪片区	塘河镇	
	骆来山片区	西湖镇	
	金佛山片区	大有镇、山王坪镇、三泉镇	南川区
	木凉-福寿片区	木凉镇、福寿镇	
	黎香湖片区	黎香湖镇	
	圣灯-双寨山片区	跳石镇、石滩镇	巴南区
渝东北大巴山避暑开发区域（占总可建设用地面积的36%）	铁峰山片区	高梁镇、长沙镇、南门镇、竹溪镇	万州区、开州区
	罗田片区	罗田镇	万州区
	方斗山（万州）片区	茨竹乡	
	七曜山（恒合）片区	恒合土家族乡	
	巫峡片区	曲尺乡、建平乡、巫峡镇	巫山县
	梨子坪片区	骡坪镇	
	亢谷片区	东安镇	城口县
	大巴山片区	明中乡	
	九重山片区	双河乡	
	青云寨片区	葛城街道	
	冷玉山片区	武平镇、太平坝乡、都督乡	丰都县
	方斗山（丰都）片区	高家镇、江池镇	
	红池坝片区	文峰镇	巫溪县
	上磺片区	古路镇、上磺镇	
	通城片区	通城镇	
	南山片区	竹溪镇、临江镇	开州区
	龙缸片区	清水土家族乡	云阳县

续表

开发区域	片区名称	依托场镇	涉及区县
渝东北大巴山避暑开发区域（占总可建设用地面积的36%）	百里竹海片区	竹山镇	梁平区
	天坑地缝片区	兴隆镇	奉节县
	天鹅湖片区	白帝镇	奉节县
	方斗山片区	石子乡	忠县
	天池片区	新生镇、善广乡	
	明月山片区	太平镇	垫江县
渝东南武陵山避暑开发区域（占总可建设用地面积的19%）	万寿山片区	三河镇	石柱县
	冷水片区	冷水镇、枫木镇、悦崃镇、鱼池镇、黄水镇	
	仙女山片区	仙女山镇、南天湖镇、武陵山乡	武隆区、丰都县、涪陵区
	摩围山片区	润溪乡、靛水街道	彭水县
	城市峡谷峡江片区	城东街道、舟白街道、正阳街道、城南街道	黔江区
	小南海片区	小南海镇	
	八面山片区	城东街道	
	桃花源片区	桃花源街道	酉阳县
	大板营片区	木叶乡	
	阿蓬江片区	双泉乡、苍岭镇	

（三）发展布局及时序

　　按照"突出重点、集中打造，有序推进、绿色发展"的规划思路，在规划期内形成"围绕三大避暑资源富集区、重点开发20个片区、优先集中成片打造8个片区"的全市避暑休闲地产梯度发展格局。为统筹资源配置和形成产业集聚规模，在三大适宜开发区域的46个片区中，确定20个片区作为重点发展片区（见附表1-4）。在20个重点发展片区中，将距离主城主体市场和万州等区域性中心城市次级市场较近、市场需求量较大、具有较好开发基础、环境容量大的8个片区（见附表1-4），作为优先集中成片打造片区，达到2080万平方米开发量，占规划新增总规模的69%。其余12个重点发展片区根据市场需求情况，在基础配套设施得到逐步完善的前提下，进行适时规划开发。

其他适宜避暑休闲地产开发建设的26个片区作为2020年后远期开发片区（见附表1-5）。

专栏4　优先集中成片打造8个片区，推进产业梯度发展的说明
按照产业布局的发展极理论，通过8个优先集中成片打造片区的发展，培育各区域内产业发展增长点，发挥其示范效应，辐射带动区域内其他开发条件较好片区开发的有序推进，这样既能形成一定的开发规模，整体规划建设基础设施和公共配套设施，降低建设成本，又能避免一哄而上、无序发展，形成布局有重点、发展有时序、产业有规模、开发有管控、效益有保障的避暑休闲地产绿色发展格局。

附表1-4　重庆市避暑休闲地产规划重点发展片区及优先集中成片打造片区表

片区名称	依托乡镇	涉及区县	规划规模		时序安排
			新增建设规模（万平方米）	新增用地规模（公顷）	
黑山片区	黑山镇、丛林镇、石林镇、青年镇、关坝镇	万盛经开区	240	300	近期优先集中成片打造
古剑山片区	古南街道	綦江区	240	300	
四面山片区	四屏镇、四面山镇、柏林镇	江津区	280	350	
金佛山片区	大有镇、山王坪镇、三泉镇	南川区	260	325	
铁峰山片区	高梁镇、长沙镇、南门镇、竹溪镇	万州区（180万平方米，225公顷）、开州区（80万平方米，100公顷）	260	325	

续表

片区名称	依托乡镇	涉及区县	规划规模		时序安排
			新增建设规模（万平方米）	新增用地规模（公顷）	
罗田片区	罗田镇	万州区	100	125	近期优先集中成片打造
冷水片区	冷水镇、枫木镇、悦崃镇、鱼池镇、黄水镇	石柱县	300	375	
仙女山片区	仙女山镇、南天湖镇、武陵山乡	武隆（80万平方米，100公顷）、丰都（160万平方米，200公顷）、涪陵（160万平方米，200公顷）	400	500	
小计			2080	2600	
圣灯—双寨山片区	跳石镇、石滩镇	巴南区	100	125	根据开发条件和市场需求适时安排开发
巫峡片区	曲尺乡、建平乡、巫峡镇	巫山县	80	100	
青云寨片区	葛城街道	城口县	80	100	
红池坝片区	文峰镇	巫溪县	60	75	
龙缸片区	清水土家族乡	云阳县	60	75	
百里竹海片区	竹山镇	梁平区	50	63	
天坑地缝片区	兴隆镇	奉节县	80	100	
方斗山片区	石子乡	忠县	60	75	
明月山片区	太平镇	垫江县	50	63	
摩围山片区	润溪乡、靛水街道	彭水县	160	200	
城市峡谷峡江片区	城东街道、舟白街道、正阳街道、城南街道	黔江区	80	100	

片区名称	依托乡镇	涉及区县	规划规模		时序安排
			新增建设规模（万平方米）	新增用地规模（公顷）	
桃花源片区	桃花源街道	酉阳县	60	75	根据开发条件和市场需求适时安排开发
小计			920	1151	
合计			3000	3751	

附表1-5　重庆市避暑休闲地产规划远期开发片区表

片区名称	依托乡镇	涉及区县	备　注
马武片区	马武镇	涪陵区	
大圆洞片区	永兴镇	江津区	
滚子坪片区	塘河镇		
骆来山片区	西湖镇		
木凉　福寿片区	木凉镇、福寿镇	南川区	
黎香湖片区	黎香湖镇		
丁山湖片区	郭扶镇、丁山镇	綦江区	
天台山片区	横山镇、三角镇		
方斗山（万州）片区	茨竹乡	万州区	开发规模未定
七曜山（恒合）片区	恒合土家族乡		
亢谷片区	东安镇	城口县	
大巴山片区	明中乡		
九重山片区	双河乡		
冷玉山片区	武平镇、太平坝乡、都督乡	丰都县	
方斗山（丰都）片区	高家镇、江池镇		
天池片区	新生镇、善广乡	忠　县	
南山片区	竹溪镇、临江镇	开　州区	

续表

片区名称	依托乡镇	涉及区县	备 注
天鹅湖片区	白帝镇	奉节县	
梨子坪片区	骡坪镇	巫山县	
上磺片区	古路镇、上磺镇		
通城片区	通城镇	巫溪县	
小南海片区	小南海镇		开发规模未定
八面山片区	城东街道	黔江区	
万寿山片区	三河镇	石柱县	
大板营片区	木叶乡		
阿蓬江片区	双泉乡、苍岭镇	酉阳县	

专栏5 避暑休闲需求市场集中分布在主城和区域中心城市两级市场的说明

全市夏季高温酷暑区域集中分布在包括主城在内的长江沿线河谷地带，形成了以主城区为中心的主体市场，以万州区、涪陵区等区域中心城市和部分区县（自治县）为主的次级市场，两级市场对避暑休闲地产的需求品质、消费方式等都存在一定差异

（四）集中成片打造区域

1．渝南大娄山避暑开发区域。集中成片打造四面山、古剑山、黑山、金佛山等片区，依托四面山、黑山、金佛山等优质避暑资源，发挥靠近主城主体需求市场的交通区位优势，借助黑山谷、古剑山等已开发的避暑休闲地产市场认可度和影响力，形成具有一定规模的避暑休闲地产集聚区域，带动渝南大娄山区域避暑休闲地产发展，新增建设规模1020万平方米，新增用地规模1275公顷。

附表1-6 渝南大娄山避暑开发区域优先集中成片打造片区

片区名称	乡镇依托	资源及配套概况	发展指引	建设规模（万平方米）	用地规模（公顷）	涉及区县	主要客源市场
四面山片区	四屏镇、四面山镇、柏林镇	海拔：1050米。夏季平均气温：24℃。交通条件：江习高速（在建）、省道312，目前距主城2.5时车程（江习高速建成后距主城1.5时车程）、距江津1时车程；紧邻四面山4A级景区	依托四面山资源优势和区位条件，借助区域交通格局升级，整合周边避暑休闲资源，重点依托四屏镇、柏林镇，借助避暑休闲地产开发，将现有场镇提升、扩容、美化等形成生态宜居小镇，向周边区域发挥辐射带动作用，最终将四面山片区打造为形象鲜明、比较优势明显、基础设施完备、配套服务齐全和生态环境优良的休闲避暑区	280	350	江津区	重庆主城区及渝西片区
金佛山片区	大有镇、山王坪镇、三泉镇	海拔：1063米。夏季平均气温：24℃。交通条件：G65包茂高速、G69银百高速（在建），省道104、省道412、省道413，距主城1.5时车程、距南川0.5时车程；紧邻世界自然遗产金佛山5A级景区	依托金佛山优越的生态环境和山地消夏避暑资源，发挥良好的资源禀赋、便捷的交通区位、庞大的主城客源市场的优势，利用交通路网围绕金佛山进行重点打造，严控开发密度，提高现有项目的宜居性，确保项目品质和生态环境保护，形成规模示范效益，带动区域经济社会全面协调发展	260	325	南川区	

续表

片区名称	乡镇依托	资源及配套概况	发展指引	建设规模（万平方米）	用地规模（公顷）	涉及区县	主要客源市场
古剑山片区	古南街道	海拔：905米。夏季平均气温：25℃。交通条件：渝黔新线铁路、G75兰海高速、国道210、省道303、省道312，距主城1时车程、距綦江0.5时车程；紧邻古剑山4A级景区、国家地质公园	发挥綦江古剑山资源禀赋、便捷的交通区位、重庆主城和綦江自身两个需求市场的优势，在依托生态环境和山地休闲避暑资源优势的基础上，充分利用当地佛教文化、艺术文化和山地湖泊资源等独特优势资源，将古剑山片区打造为特色鲜明的避暑休闲区	240	300	綦江区	重庆主城区及渝西片区
黑山片区	黑山镇、丛林镇、石林镇、青年镇、关坝镇	海拔：1158米。夏季平均气温：23℃。交通条件：G75兰海高速、綦万高速、省道414，距主城1.5时车程、距万盛0.5时车程；紧邻黑山谷5A级景区	依托黑山谷资源优势和临近主城消费市场的区位条件，通过优化内部交通联系、完善配套设施、提升水源供应能力等措施，借助黑山谷已开发避暑休闲地产品牌影响力，严格控制新开发地产容积率、密度、高度等，提升品质，带动片区避暑休闲地产发展	240	300	万盛经开区	重庆主城区及渝西片区
小计				1020	1275		

2. 渝东北大巴山避暑开发区域。集中成片打造铁峰山片区、罗田片区，依托于铁峰山、七曜山等良好的避暑资源，主要针对万州区及周边地区消费市场进行避暑休闲地产开发，同时通过发挥沪蓉高速、沪渝高速、沿江高速、渝利高铁等集聚和串联作用，承接主城部分市场需求，带动渝东北避暑休闲地产开发，新增建设规模360万平方米，新增用地规模450公顷。

附表1-7　渝东北大巴山避暑开发区域优先集中成片打造片区

片区名称	依托乡镇	资源及配套概况	发展指引	建设规模（万平方米）	用地规模（公顷）	涉及区县	主要客源市场
铁峰山片区	高梁镇、竹溪镇、南门镇、长沙镇	海拔：1048米；夏季平均气温：24℃；交通条件：渝万铁路（在建）、G42沪蓉高速、国道318，距主城3时车程、距万州0.5时车程；紧邻铁峰山国家森林公园	依托铁峰山国家森林公园等优质避暑资源，整合周边南山森林公园、大龙孔森林公园等避暑休闲资源，重点依托高梁镇、长沙镇、南门镇、竹溪镇等乡镇，逐步完善片区内部交通设施，加强内外联系，集中力量打造独具特色的避暑休闲地产区，满足万州区、开州区、云阳县等巨大的避暑休闲居住消费市场	260	325	万州区（180万平方米，225公顷）、开州区（80万平方米，100公顷）	万州区及周边地区、渝东北其他区县以及部分主城市场
罗田片区	罗田镇	海拔：1127米；夏季平均气温：23℃；交通条件：渝万铁路（在建）、G42沪蓉高速、国道318，距主城4.5时车程、距万州1时车程；紧邻场镇	依托七曜山优质避暑资源，发挥开发条件成熟和交通便利的优势，重点依托罗田镇，加大基础设施投入，逐步发展避暑休闲地产，满足万州区及周边需求市场，同时随着渝万高铁的建成，承接部分主城避暑休闲消费市场	100	125	万州区	万州区及周边地区、渝东北其他区县以及部分主城市场
小计				360	450		

3．渝东南武陵山避暑开发区域。集中成片打造冷水片区和仙女山片区，依托于黄水国家森林公园、仙女山国家5A级景区和已开发的避暑休闲地产开发基础以及市场影响力，通过发挥包茂高速等高速公路和渝利铁路等铁路的集聚和串联作用，与渝南大娄山避暑开发区域避暑休闲地产开发相互呼应，可较好承接主城消费市场需求，新增建设规模700万平方米，新增用地规模875公顷。

附表1-8　渝东南武陵山避暑发展区域优先集中成片打造片区

片区名称	依托乡镇	资源及配套概况	发展指引	建设规模（万平方米）	用地规模（公顷）	涉及区县	主要客源市场
冷水片区	冷水镇、枫木镇、悦崃镇、鱼池镇、黄水镇	海拔：1438米。夏季平均气温：21℃。交通条件：渝利铁路，G50沪渝高速，距主城2.5时车程、距黔江1时车程；距石柱县城0.7时车程	借力黄水避暑休闲聚集带动效应，利用避暑休闲市场成熟、高速公路直达等优势条件，依托重庆医科大学附属黄水康复医院（在建）、冷水智能化养老实验基地等现有配套设施，打造老年人避暑休闲的地产项目。同时，将土家族文化、生态农业、乡村休闲等元素融入避暑休闲地产项目开发中	300	375	石柱县	主城、万州区及渝东南其他区县（自治县）

片区名称	依托乡镇	资源及配套概况	发展指引	建设规模（万平方米）	用地规模（公顷）	涉及区县	主要客源市场
仙女山片区	仙女山镇、南天湖镇、武陵山乡	平均海拔：1300米。夏季平均气温：22℃。交通条件：G65包茂高速、G50S沿江高速、渝利铁路，国道319、省道203、省道406；片区内有仙女山旅游度假区、澜天湖度假区、仙女山5A级景区、武陵山3A级景区等	借势世界自然遗产和5A级景区的品牌优势，整合周边武陵山、澜天湖度假区等优质避暑资源，加大仙女山镇、武陵山乡、南天湖镇等场镇生活服务设施和交通水利等基础设施建设，加快完成上下山交通环线建设，打造国内一流的山地型避暑休闲地产区	400	500	武隆区(80万平方米，100公顷)、丰都县(160万平方米，200公顷)、涪陵区(160万平方米，200公顷)	
小计				700	875		

四、保障措施

（一）加强组织领导

为确保规划的顺利实施，市政府有关部门要根据各自职责，制定避暑休闲地产项目用地指南和规划技术导则，建立土地出让备案制度，做好用地保障工作，指导区县（自治县）做好片区和项目规划，确保避暑休闲地产开发品质；指导区县（自治县）加强项目勘察设计施工监管，确保避暑休闲地产项目建筑质量。有关区县（自治县）政府要加强避暑休闲地产市场调控和监管。

（二）强化规划引导

有关区县（自治县）要充分发挥规划的引导和管控作用，依据本规划适时调整区县（自治县）土地利用总体规划和城乡总体规划，做好与有关规划的衔接，优化布局、突出重点，对市场需求大、开发条件具备的片区先启动，防止无序开发。合理确定避暑休闲地产开发建设的容积率、建筑密度和建筑高度，使建筑设计形态、风貌与当地自然人文景观、民俗文化等元素融合，确保与当地生态景观相协调。

（三）完善基础设施配套

充分落实西部大开发政策、国家级集中连片特殊困难地区扶贫支持政策及相关配套支持政策，整合财力物力，加快完善交通、水利、电力、污水垃圾处理等基础配套设施；依托场镇和景区建设，采用"固定+临时"的配套形式，设置临时停车场、流动医院、临时菜市场等临时设施，完善医疗卫生、社区服务、购物休闲等公共配套设施，满足市民避暑休闲生活需要，提升住宅品质和居住生活品质。

（四）切实保障建设用地

分类保障避暑休闲地产项目开发和配套基础设施用地指标，避暑休闲地产开发项目用地使用城镇工矿用地指标；交通、水利、旅游等基础设施用地使用交通、水利及其他建设用地指标。分类保障避暑休闲地产用地空间，对有城镇建设用地空间的区县（自治县），在城镇工矿建设用地规模内适时调整建设用地布局；对城镇建设用地空间不足的区县（自治县），视开发建设情况适时安排城镇建设用地周转空间。有关区县（自治县）要结合土地利用总体规划中期评估和修改情况，按本规划确定的发展方向和发展时序，适当布局允许建设区和有条件建设区。

（五）严格保护生态环境

避暑休闲地产发展，必须处理好开发建设与生态环境保护的关系。对世界自然遗产、自然保护区、国家及市级风景名胜区、国家及市级森林公园、国家湿地公园、国家地质公园、重要水源地、重要水源水库及其保护区核心区域以及地质灾害高发区等禁止开发区，严禁避暑休闲地产开发建设。项目在立项前必须做好环境影响评价，项目选址、规划、设计、施工以及污水垃圾处理等环节要处理好开发建设与保护环境的关系。严格执行建筑节能强制性标准，倡导节能、节水、节材的环保型住房建设，建设一批绿色建筑示范项目。

（六）切实保护农民利益

严格避暑休闲地产开发项目用地的审批管理，对项目的必要性、可行性、用地规模等，严格按照有关程序和标准进行审查，杜绝盲目征用土地。严格规范征地程序，充分保护农民利益，严禁借开发之名侵害农民和农村集体组织利益，在征地过程中采用留地安置、货币安置、住房安置、用地单位安置以及社会保险安置等多元化安置方式，最大限度地保障失地农民的长远生计和权益；在避暑休闲地产项目开发和日常运营过程中，以提供建筑、物管、清洁等岗位的方式充分吸纳当地农民就地就业，增加农民收入。

附表1-9 重庆市避暑休闲地产规划重点开发片区明细表

开发区域	片区名称	依托场镇	所在区县（自治县、开发区）2014年夏季最高温（℃）	资源条件			区位交通条件						水源条件（万立方米）		用地条件	规划规模		涉及区县（自治县、开发区）
				平均海拔（米）	夏季平均气温（℃）	依托景区	现有	距离主城高速公路距离（千米）	距离中心城市高速公路距离（千米）	距离高速公路出口（千米）	连接片区道路等级	规划道路	现有水源	规划水源	可建设用地面积（公顷）	新增建设规模（万平方米）	新增用地规模（公顷）	
渝南大娄山避暑开发区域	黑山片区	黑山镇、丛林镇、石林镇、青年镇、关坝镇	40	1158	23	黑山谷5A级景区	国高G75兰海高速、省高S0101綦万高速、省道S104、省道S207	75	—	6.8	省道S104	万盛至綦江赶水高速	1098	10000	302	240	300	万盛经开区
	古剑山片区	古南街道	39	905	25	古剑山4A级景区、国家地质公园	渝黔新线铁路、国高G75兰海高速、省高S0101江綦高速、国道G210、国道G353	41	—	15	县道	万盛至綦江赶水高速	387	—	346	240	300	綦江区
	四面山片区	四屏镇、四面山镇、柏林镇	39	1050	24	四面山4A级景区	省高S7江习高速（在建）、国道G212、国道G353、省道S307	55+54（江习高速）	—	3	省道S307		2932	—	911	280	350	江津区

开发区域	片区名称	依托场镇	所在区县(自治县、开发区)2014年夏季最高温(℃)	资源条件			区位交通条件						水源条件(万立方米)		用地条件	规划规模		涉及区县(自治县、开发区)
				平均海拔(米)	夏季平均气温(℃)	依托景区	现有	距离主城高速公路距离(千米)	距离中心城市高速公路距离(千米)	距离高速公路出口(千米)	连接片区道路等级	规划道路	现有水源	规划水源	可建设用地面积(公顷)	新增建设规模(万平方米)	新增用地规模(公顷)	
渝南大娄山避暑开发区域	金佛山片区	大有镇、山王坪镇、三泉镇	37	1063	24	金佛山5A级景区	国高G65包茂高速、国高G69银百高速(在建)、国道G243、国道G353、省道S103、省道S206	65+15(南道高速)	—	8	省道S103	南川至两江新区高速	55	10000	329	260	325	南川区
	圣灯-双寨山片区	跳石镇、石滩镇	37	950	25	圣灯山3A级景区	国高G65包茂高速、国高G75兰海高速,省道S104	11	—	28	县道	—	791	1939	298	100	125	巴南区
	小计	—	—	—	—	—	—	—	—	—	—	—	—	—	2186	1120	1400	

续表

开发区域	片区名称	依托场镇	所在区县(自治县、开发区)2014年夏季最高温(℃)	资源条件			区位交通条件						水源条件(万立方米)		用地条件	规划规模		涉及区县(自治县、开发区)
				平均海拔(米)	夏季平均气温(℃)	依托景区	现有	距离主城高速公路距离(千米)	距离中心城市高速公路距离(千米)	距离高速公路出口(千米)	连接片区道路等级	规划道路	现有水源	规划水源	可建设用地面积(公顷)	新增建设规模(万平方米)	新增用地规模(公顷)	
渝东北大巴山避暑开发区域	铁峰山片区	高梁镇、长沙镇、南门镇、竹溪镇	40	1048	24	铁峰山国家森林公园	渝万铁路(在建)、国高G42沪蓉高速、国高G69万开高速、国道G211、国道G318、国道G542、国道G243、省道S202、省道S206	258	—	5	万州至国道开江高速G542(直连)		3842	—	495	260	325	万州区(180万平方米,225公顷)、开州区(80万平方米,100公顷)
	罗田片区	罗田镇	40	1127	23	七曜山	渝万铁路(在建)、国高G42沪蓉高速、国高G5012万利高速(在建)、国道G318、国道G211、省道S408	325	—	80	省道S408	—	450	—	160	100	125	万州区

开发区域	片区名称	依托场镇	所在区县(自治县、开发区)2014年夏季最高温(℃)	资源条件			区位交通条件						水源条件(万立方米)		用地条件	规划规模		涉及区县(自治县、开发区)
				平均海拔(米)	夏季平均气温(℃)	依托景区	现有	距离主城高速公路距离(千米)	距离中心城市高速公路距离(千米)	距离高速公路出口(千米)	连接片区道路等级	规划道路	现有水源	规划水源	可建设用地面积(公顷)	新增建设规模(万平方米)	新增用地规模(公顷)	
渝东北大巴山避暑开发区域	巫峡片区	曲尺乡、建平乡、巫峡镇	41	950	23	巫山小三峡	郑万铁路、国高G42沪蓉高速、国道G348、省道S201	420	157	27	国道G348	省高S54两巫高速	118		103	80	100	巫山县
	青云寨片区	葛城街道	36	1335	22	大巴山、秋池、神田草原	国道G211、国道G347、省道S301、省道S201	323+66	242(国道G211)134+40(开城高速公路)	0	省道S301	国高G69银百高速	3933	160	169	80	100	城口县
	红池坝片区	文峰镇	40	1250	19	红池坝4A级景区	国高G6911巫溪—奉节高速、省道S201、省道S402	405	152	97	省道S201	国高G6911镇坪至巫溪至建始高速	11	740	149	60	75	巫溪县
	龙缸片区	清水土家族乡	41	1541	21	云阳龙缸4A级景区	国高G42沪蓉高速、国高G5012万利高速(在建)、省道S202、省道S407	299	41(万云高速)	86	省道S202	—	187	115	152	60	75	云阳县

续表

开发区域	片区名称	依托场镇	所在区县(自治县、开发区)2014年夏季最高温(℃)	资源条件			区位交通条件						水源条件(万立方米)		用地条件	规划规模		涉及区县(自治县、开发区)
				平均海拔(米)	夏季平均气温(℃)	依托景区	现有	距离主城高速公路距离(千米)	距离中心城市高速公路距离(千米)	距离高速公路出口(千米)	连接片区道路等级	规划道路	现有水源	规划水源	可建设用地面积(公顷)	新增建设规模(万平方米)	新增用地规模(公顷)	
渝东北大巴山避暑开发区域	百里竹海片区	竹山镇	38	849	25	百里竹海景区	渝万铁路(在建),国高G42沪蓉高速、国高G5515张家界—南充(在建)、国道G318、省道S410、省道S206	181	83	40	省道S410	—	1612	—	116	50	63	梁平区
	天坑地缝片区	兴隆镇	40	1536	21	天坑地缝国家级风景名胜区	郑万铁路、国高G42沪蓉高速、国道G242	368	104	72（44奉节—建始规划高速）	国道G242	国高G6911巫溪至奉节至建始高速	泉水	2400	154	80	100	奉节县
	方斗山片区	石子乡	39	920	25	方斗山	国高G50沪渝高速、国高G69银百高速(在建)、省道S204、省道S102	185	78（在建忠万高速）	15	省道S204	—	2400	80	105	60	75	忠县

开发区域	片区名称	依托场镇	所在区县(自治县、开发区)2014年夏季最高温(℃)	资源条件			区位交通条件						水源条件(万立方米)		用地条件	规划规模		涉及区县(自治县、开发区)
				平均海拔(米)	夏季平均气温(℃)	依托景区	现有	距离主城高速公路距离(千米)	距离中心城市高速公路距离(千米)	距离高速公路出口(千米)	连接片区道路等级	规划道路	现有水源	规划水源	可建设用地面积(公顷)	新增建设规模(万平方米)	新增用地规模(公顷)	
渝东北大巴山避暑开发区域	明月山片区	太平镇	39	829	25	明月山	渝万铁路(在建),国高G50沪渝高速、国高G42沪蓉高速、国道G243、国道G350	138	146	10	国道G243	垫丰武高速	1284	130	80	50	63	垫江县
	小计	—	—	—	—	—	—	—	—	—	—	—	—	—	1683	880	1101	

续表

开发区域	片区名称	依托场镇	所在区县(自治县、开发区)2014年夏季最高温(℃)	资源条件			区位交通条件						水源条件(万立方米)		用地条件	规划规模		涉及区县(自治县、开发区)
				平均海拔(米)	夏季平均气温(℃)	依托景区	现有	距离主城高速公路距离(千米)	距离中心城市高速公路距离(千米)	距离高速公路出口(千米)	连接片区道路等级	规划道路	现有水源	规划水源	可建设用地面积(公顷)	新增建设规模(万平方米)	新增用地规模(公顷)	
渝东南武陵山避暑开发区域	冷水片区	冷水镇、枫木镇、悦崃镇、鱼池镇、黄水镇	38	1438	21	黄水国家森林公园	渝利铁路、国高G50沪渝高速	230	—	0	—	黔石高速	2936	110	384	300	375	石柱县
	仙女山片区	仙女山镇、南天湖镇、武陵山乡	39	1300	22	仙女山5A级景区，澜天湖度假区	国高G65包茂高速、国道G319、省道S203	130	—	20	省道S203	省高S11垫丰武高速	1836	1890	1120	400	500	武隆区(80万平方米,100公顷)、丰都县(160万平方米,200公顷)、涪陵区(160万平方米,200公顷)

开发区域	片区名称	依托场镇	所在区县(自治县、开发区)2014年夏季最高温(℃)	资源条件			区位交通条件						水源条件(万立方米)		用地条件	规划规模		涉及区县(自治县、开发区)
				平均海拔(米)	夏季平均气温(℃)	依托景区	现有	距离主城高速公路距离(千米)	距离中心城市高速公路距离(千米)	距离高速公路出口(千米)	连接片区道路等级	规划道路	现有水源	规划水源	可建设用地面积(公顷)	新增建设规模(万平方米)	新增用地规模(公顷)	
渝东南武陵山避暑开发区域	摩围山片区	润溪乡、靛水街道	39	1334	22	茂云山国家森林公园	国高G65包茂高速、国道G319、省道S418、省道S204	181	70	30	省道S418	省高S24彭西高速	158	—	238	160	200	彭水县
	城市峡谷峡江片区	城东街道、舟白街道、正阳街道、城南街道	36	925	25	城市中央生态公园	国高G65包茂高速、国高G5515张家界—南充(在建)、国道G319、国道G353、省道S203、省道S304	244	—	10	国道G319	国高G5515黔石高速	684	760	133	80	100	黔江区
	桃花源片区	桃花源街道	34	889	25	酉阳桃花源5A级景区	国高G65包茂高速、国道G319、省道S305、省道S422	327	83	2	国道G319	省高S24彭西高速	1417	—	258	60	75	酉阳县
小计	—	—	—	—	—	—	—	—	—	—	—	—	—	—	2133	1000	1250	
合计	—	—	—	—	—	—	—	—	—	—	—	—	—	—	6002	3000	3751	

备注：1.现状水库数据来源于市水利局，规划水库相关资料来源于水利部《西南五省市区水源工程建设规划》。
2.规划道路数据来源于市交委规划建设道路数据。

附表1-10 重庆市避暑休闲地产规划远期开发片区明细表

片区名称	依托乡镇	平均海拔（米）	夏季平均气温（℃）	夏季相对湿度（%）	夏季平均风速（米/秒）	年总日照数（时）	年降水量（毫米）	距离主城（时）	距离县城（时）	距离场镇（时）	依托景区	铁路、高速公路、国道、省道	水源（库容量，万立方米）	涉及区县（自治县）
马武片区	马武镇	1031	24	80	1.2	1120	1050	2	0.6	0.3	—	国高G50S沿江高速、涪南高速、渝利铁路、国道320	王家湾水库（39）、锅圈凼水库（33）、刘家冲水库（24）、拖木湾水库（16）、冲口水库（14）、鱼鳅凼水库（11）	涪陵区
大圆洞片区	永兴镇	882	25	78	0.7	1290	1300	2.5	0.5	0.2	大圆洞国家森林公园	江习高速（在建）、省道S107	两河水库（83）、下堰坪水库（46）、凡江河水库（41）、山垭田水库（32）、滩子口水库（26）、老房沟水库（21）、楼房沟水库（17）、新瓦房水库（17）、滩盘水库（15.5）、黄庄水库（15）、四方碑水库（13.1）、大沙湾水库（11）、河坝水库（11）、石缸嘴水库（10）	江津区
滚子坪片区	塘河镇	850	25	78	1.3	1200	1035	1.5	0.5	0.2	国家级2A风景名胜区	国高G93成渝环线高速	太平寨水库（110）、白岩水库（32）、魏家坪水库（21）、黄角丘水库（16）、倒流水水库（14）	江津区
骆来山片区	西湖镇	887	25	78	1.3	1300	1290	1.5	0.5	0.2	骆来山2A级景区	国高G93成渝环线高速、省道S107	高峰水库（95）、黄金洞水库（92）、天台水库（85）、跃进水库（68）、长河堰水库（57）、梁家湾水库（27）、岩洞湾水库（13）、六合水库（11）、红卫水库（11）、瓦厂湾水库（10）	
木凉-福寿片区	木凉镇、福寿镇	860	25	80	1.0	1360	1150	1.5	0.5	0.3	大观国家级生态农业园	国高G65包茂高速	车仕沟水库（401）、白果湾水库（11）、响水凼水库（11）	南川区

片区名称	依托乡镇	平均海拔（米）	夏季平均气温（℃）	夏季相对湿度（%）	夏季平均风速（米/秒）	年总日照数（时）	年降水量（毫米）	距离主城（时）	距离县城（时）	距离场镇（时）	依托景区	铁路、高速公路、国道、省道	水源（库容量，万立方米）	涉及区县（自治县）
黎香湖片区	黎香湖镇	874	25	81	1.0	1325	1150	1.5	0.5	0.2	黎香湖3A级景区、大观国家级生态农业园	国高G65包茂高速、省道204	土溪水库工程（1780）、水口庙水库（83）、新月台水库（41）、烧机围水库（22）	南川区
丁山湖片区	郭扶镇、丁山镇	979	24	77	1.3	1236	1105	2.0	1.0	0.3	丁山湖景区	渝黔新线铁路、国高G75兰海高速、国道210、省道303	丁山水库（352）、梅子桥水库（252）、新民水库（168）、马夹塘水库（118）、长沟水库（88）、茅坪水库（74）、茨竹岩水库（62）、黄沙水库（56）、皇帝湾水库（56）、大田水库（35）、上苦枣寺水库（33）、丁山二库（31）、桥坝河水库（31）、上中咀水库（26）、蔡家河坝水库（24）、简家河水库（21）、高高堰水库（19）、天生桥水库（12）、打足沟水库（12）、南木湾水库（10）、老房子水库（10）	綦江区
天台山片区	横山镇、三角镇	935	24	78	1.0	1090	1065	1.0	0.5	0.3	横山、天台山	国高G75兰海高速、綦万高速	鱼栏咀水库（2520）、马踏塘水库（180）、土地河水库（165）、三岔河水库（128）、唐家湾水库（46）、关门石水库（41）、双简水库（23）、龙兴桥水库（18）、堰坝塘水库（16）、莲花洞水库（16）、只口湾水库（15）、烂巴湾水库（15）、牛角凼水库（14）、鱼塘湾水库（14）	

续表

片区名称	依托乡镇	平均海拔(米)	夏季平均气温(℃)	夏季相对湿度(%)	夏季平均风速(米/秒)	年总日照数(时)	年降水量(毫米)	距离主城(时)	距离县城(时)	距离场镇(时)	依托景区	铁路、高速公路、国道、省道	水源(库容量,万立方米)	涉及区县(自治县)
方斗山(万州)片区	茨竹乡	1104	23	73	0.7	1150	1225	3.5	0.5		在场镇	方斗山	渝万铁路(在建)、国高G42沪蓉高速、国高G69银百高速(在建)、国道318、省道105	小型水库	万州区
七曜山(恒合)片区	恒合土家族乡	1448	21	73	1.4	1290	1150	5.0	1.0		在场镇	七曜山	渝万铁路(在建)、国高G42沪蓉高速、国道318、国高G5012万广高速(在建)	关田坝水库(158)、凤仪水库(41)、箱子坪水库(24)、烂湾水库(20)、国心水库(13)、星火水库(11)	
亢谷片区	东安镇	1478	21	78	1.0	1086	1150	5.0	1.0	0.3	坑谷景区、婴坝地质公园	城万快速通道、国高G69银百高速(在建)、省道301	泉水	城口县
大巴山片区	明中乡	1732	20	79	0.9	1312	1150	5.0	1.5	0.2	千年银杏、红池坝	城万快速通道、国高G69银百高速(在建)、省道301	泉水	

片区名称	依托乡镇	平均海拔（米）	夏季平均气温（℃）	夏季相对湿度（%）	夏季平均风速（米/秒）	年总日照数（时）	年降水量（毫米）	距离主城（时）	距离县城（时）	距离场镇（时）	依托景区	铁路、高速公路、国道、省道	水源（库容量，万立方米）	涉及区县（自治县）
九重山片区	双河乡	1433	22	78	0.7	1250	1070	3.5	1.0	在场镇	九重山国家森林公园、八台山地质公园	城万快速通道、国高G69银百高速（在建）、省道301	泉水	城口县
冷玉山片区	武平镇、太平坝乡、都督乡	1260	23	77	0.8	1356	1200	3.0	1.5	0.3	武陵山景区	渝利铁路、国高G50S沿江高速、省道406	泉水	丰都县
方斗山（丰都）片区	高家镇、江池镇	1118	23	78	0.5	1200	1150	2.0	1.0	在场镇	方斗山林场	渝利铁路、国高G50S沿江高速	蒋家沟水库（1183）、关田沟水库（126）、河田水库（47）、玉河池水库（41）、红光水库（高家镇）（15）、雷家沟水库（12）、石灰窑水库（高家镇）（10）	
天池片区	新生镇、善广乡	878	25	76	0.7	1225	1135	3.0	0.5	0.3	天池国家森林公园	国高G50沪渝高速	桂花水库（22）、油坊沟水库（10）	忠县
南山片区	竹溪镇、临江镇	1025	22	76	0.7	1186	1050	4.0	1.5	0.2	南山森林公园和南山养生旅游度假区	万开高速	青竹溪水库（109）、石碗溪水库（36）、鲤鱼塘水库（1024）	开州区
天鹅湖片区	白帝镇	989	24	82	1.3	1143	1150	4.5	0.5	0.3	重庆奉节天鹅湖2A级景区	郑万铁路、国高G42沪蓉高速	茶盘水库（22）、梅家水库（20）、流泉沟水库（19）、瓦窑坪水库（12）	奉节县

续表

片区名称	依托乡镇	平均海拔（米）	夏季平均气温（℃）	夏季相对湿度（%）	夏季平均风速（米/秒）	年总日照数（时）	年降水量（毫米）	距离主城（时）	距离县城（时）	距离场镇（时）	依托景区	铁路、高速公路、国道、省道	水源（库容量，万立方米）	涉及区县（自治县）
梨子坪片区	骡坪镇	1894	19	71	1.3	1500	1200	5.0	0.5	0.2	巫山小三峡	郑万铁路、国高G42沪蓉高速、省道103	泉水	巫山县
上磺片区	古路镇、上磺镇	848	25	81	0.7	1600	1150	4.5	0.5	在场镇		国高G6911巫溪—奉节、省道201	望山水库（29）、金鱼水库（25）、寨沟水库（25）、白家水库（24）、张家湾水库（23）、旱龙沟水库（18）古路沟水库（16）、龙坪水库（11）、石桥河水库（11）、严家水库（11）、羊桥水库（10）	巫溪县
通城片区	通城镇	904	25	73	0.7	1650	1225	4.5	0.5	在场镇	兰英大峡谷	国高G6911巫溪—奉节高速、省道102	泉水	
小南海片区	小南海镇	1171	23	73	1.3	1120	1165	4.0	0.5	0.2	小南海4A级景区	武陵山机场、国高G65包茂高速、国高G5515张家界—南充（在建）、国道319	小南海水库（8080）	黔江区
八面山片区	城东街道	1250	23	73	1.3	1120	1165	3.5	0.5	0.3	八面山	武陵山机场、国高G65包茂高速、国高G5515张家界—南充（在建）、国道319	城北水库（674）	

片区名称	依托乡镇	平均海拔（米）	夏季平均气温（℃）	夏季相对湿度（%）	夏季平均风速（米/秒）	年总日照数（时）	年降水量（毫米）	距离主城（时）	距离县城（时）	距离场镇（时）	依托景区	铁路、高速公路、国道、省道	水源(库容量，万立方米)	涉及区县（自治县）
万寿山片区	三河镇	1298	22	78	1.3	1200	1150	2.5	1.0	0.3	万寿山	渝利铁路，国高G50沪渝高速	虾趴沟水库（11）	石柱县
大板营片区	木叶乡	1178	23	78	0.7	1380	1228	5.0	1.5	0.3	大板营原始森林	国高G65包茂高速、国道319、省道210	小型水库	酉阳县
阿蓬江片区	双泉乡、苍岭镇	1058	24	78	0.8	1140	1048	3.5	1.0	0.3	阿蓬江国家湿地公园	国高G65包茂高速、国道319	庙湾水库（14）	

附录二　重庆市人民政府办公厅关于做好重庆市避暑休闲地产规划(2014—2020年)实施工作的通知

渝府办发〔2015〕138号

重庆市人民政府办公厅关于做好重庆市避暑休闲地产规划(2014—2020年)实施工作的通知

各区县（自治县）人民政府，市政府各部门，有关单位：

为做好《重庆市避暑休闲地产规划(2014—2020年)》的实施工作，顺利推进重庆市避暑休闲地产开发，经市政府同意，现就有关事项通知如下：

一、加强避暑休闲地产开发的规划管理与用地保障

（一）编制区县级避暑休闲地产规划。《重庆市避暑休闲地产规划（2014—2020年）》对全市避暑休闲地产开发规模、开发重点和时序进行了统筹安排，是规范和引导全市避暑休闲地产持续健康发展的指导性规划。有关区县（自治县）要依据本规划，按照区县级避暑休闲地产规划编制指南要求，编制本地区的避暑休闲地产规划，对本地区避暑休闲地产发展规模、空间布局、发展重点及建设时序等做出具体安排。区县（自治县）编制的避暑休闲地产规划经区县（自治县）人民政府审批后，报市国土房管局备案。避暑休闲地产开发建设应符合经批准的法定城乡规划。

（二）加强有关规划的衔接。加强区县（自治县）避暑休闲地产规划与城乡规划和土地利用总体规划的衔接。为保障区县（自治县）避暑休闲地产规划的实施和项目落地，确需调整城乡规划和土地利用总体规划的，按照法定程序予以调整，可对允许建设区和有条件建设区布局做适应性调整。

加强区县（自治县）避暑休闲地产规划与旅游规划、林地保护利用规划、环境保护规划、自然保护区规划、风景名胜区规划、交通规划、水利规划等专

项规划的衔接和协调。避暑休闲地产项目选址范围在土地利用总体规划中不属于建设用地规划区的，在征得环保、旅游、林业、水利、规划、园林等有关部门同意后，由有关区县（自治县）人民政府申报，经市国土房管局审查，报市政府审批后，对土地利用总体规划进行局部调整。

（三）做好用地保障工作。避暑休闲地产规划涉及的经营性用地，先布局为有条件建设区，购买地票解决空间和计划指标。与项目配套的交通、水利等基础设施用地，可布局为交通水利及其他用地，所需空间由区县（自治县）自行平衡，用地可申请计划指标。避暑休闲地产项目的土地供应坚持招拍挂和节约集约利用土地原则，各区县（自治县）要把握好开发进度，成熟一批，实施一批，防止出现开发过剩和无序开发。

二、严格避暑休闲地产开发区生态环境保护

（一）合理确定开发区域。在自然保护区、世界文化和自然遗产、国家及市级风景名胜区、国家及市级森林公园、国家湿地公园、国家地质公园、重要水源地、重要水源水库及其保护区、地质灾害高发区、基本农田保护区等区域，禁止布局避暑休闲地产。涉及"四山"管制区域的，应严格按照《重庆市"四山"地区开发建设管制规定》（重庆市人民政府令第204号）执行。避暑休闲地产项目开发建设要严格执行环境影响评价制度、地质灾害危险性评估制度，处理好规划选址、设计施工以及污水垃圾处理等环节与保护环境的关系。

（二）合理确定开发规模。避暑休闲地产开发建设要综合考虑规划片区饮用水源、可建设用地等资源承载能力，要加强湖泊、山地、森林等资源环境保护，确保避暑休闲地产周边资源环境品质良好。同时，为实现规模效益，提高资源和基础设施利用率，《重庆市避暑休闲地产规划（2014—2020年）》中确定的每个开发片区，最小开发建筑规模原则上不小于50万平方米，避免出现"小、散、乱、差"现象。

三、提高避暑休闲地产品质

（一）严格执行避暑休闲地产规划各项指标。避暑休闲地产开发在遵循市场规律的同时，要结合避暑休闲地产自身特点和当地资源条件情况，按照《重庆市避暑休闲地产规划（2014—2020年）》确定的有关指标要求，避暑休

闲地产规划项目原则上容积率不大于1.2，建筑高度不超过20米，建筑密度在25%～35%之间，要确保建筑形态、外观等与周边生态环境相协调。

（二）引入有实力的大企业进行避暑休闲地产开发。区县（自治县）人民政府可设定合理、公开透明的条件，积极引导大企业进入、大项目带动，鼓励有资金实力、有较强管理能力、有高品质项目开发经验的企业参与避暑休闲地产开发建设，确保地产品质。同时制定相应政策措施，对配建项目基础设施的开发企业予以支持。着力推进以"节能、节地、节水、节材和环境保护"为核心的绿色建筑发展，制定相应政策措施，鼓励有条件的项目创建二星级及以上的高星级绿色建筑。

四、加大避暑休闲地产配套设施建设力度

（一）加大基础设施投入。各区县（自治县）人民政府和市政府有关部门要加大对避暑休闲地产项目周边道路等配套设施投入，构建与外部路网无缝衔接的交通网络，加快完善用水、电力、信息通信、广播电视、污水垃圾处理等基础配套设施。理顺价格机制，完善使用者付费制度，增强供水、污水处理等配套设施的建设和运营投资回报水平，吸引社会资本进入。

（二）完善相关配套设施。避暑休闲地产配套的社区服务等公共配套设施，要与避暑休闲地产同时设计、同时施工、同时投入使用。同时，要积极引导建设运动健身、养老保健、房车露营、聚会度假等项目，满足不同市场需求，提高居住生活品质和避暑休闲地产利用率。在避暑休闲地产规划开发片区内，结合农民新村建设，积极发展避暑休闲地产，发挥配套设施最大利用率。

五、发挥避暑休闲地产对扶贫脱贫的积极作用

（一）以避暑休闲地产的开发完善贫困地区基础设施建设。通过避暑休闲地产开发，改善贫困地区交通、水利等基础设施条件，以开发高品质避暑休闲地产为引擎，带动区域经济社会发展。

（二）以避暑休闲地产的开发促进贫困地区农民就业和增收。在避暑休闲地产的开发过程中，探索农民使用临时停车场、临时农贸市场、便道（路基6.5米以下）等用地入股分享长远利益，鼓励当地农民组建施工队伍参与建筑施工和物业管理。同时，打造避暑休闲地产全产业链，积极引导发展运动健

身、养老保健等多种产品，吸纳更多的当地农民参与避暑休闲地产开发和生态资源开发经营，支持贫困户依托避暑休闲地产发展农家乐，出售水果蔬菜等，促进农民脱贫致富。

六、保障措施

（一）区县（自治县）积极行动，尽快推动规划落地。区县（自治县）人民政府是避暑休闲地产规划实施的主体，凡涉及20个重点开发片区的区县（自治县），要在2015年12月1日前完成本地区避暑休闲地产规划编制。特别是涉及四面山、黑山等8个优先集中成片打造片区的有关区县（自治县），应抓紧制定工作措施，落实工作责任，做好配套设施建设、市场监管等工作。

（二）部门联动，共同推进规划实施。市政府有关部门要加强对避暑休闲地产开发的管理和指导，统筹推进规划的实施工作，协调解决实施过程中遇到的重大问题，促进避暑休闲地产规范有序发展。市国土房管部门负责制定避暑休闲地产规划调整空间来源和程序，并指导区县（自治县）避暑休闲地产规划编制和供地，牵头推进规划的实施。市规划部门负责制定避暑休闲地产选址和配套设施规划指导意见，指导区县（自治县）做好相关城乡规划的制定和修改工作。市交通部门要根据不同片区现状交通设施情况，结合重庆市综合交通运输"十三五"规划，制定针对性政策措施，对避暑休闲地产规划片区高速扩能改造、相关国省干线升级改造、高速互通连接线新建和改造等，在项目、资金方面予以重点倾斜和支持。市水利部门要加大避暑休闲地产水利基础配套设施建设力度，对《重庆市避暑休闲地产规划（2014—2020年）》确定的20个重点开发片区，优先安排列入水利专项规划的水源工程、农村饮水巩固提升工程，积极争取纳入国家规划，支持项目前期工作，争取国家资金支持。市环保部门要积极支持避暑休闲地产重点发展片区的建制乡镇，撤并场镇和常住人口1000人以上的农村聚居点集中式污水处理设施建设，督促开发企业同步规划和建设污水处理设施，积极支持避暑休闲地产项目环评审批等工作。市城乡建设部门要会同有关部门指导区县（自治县）加强项目勘察设计施工监管，出台相关配套政策措施，确保避暑休闲地产项目建筑质量。市旅游部门要将避暑休闲地产纳入全市高山纳凉避暑旅游产品进行宣传，提升避暑休闲地产知名度，支持结合避暑休闲地产发展乡村旅游、节事旅游等。市扶贫部门要对贫困户依托避暑休闲地产参与发展乡村旅游、经营农家乐、采用电子商务销售农产品等，予以一定资金补贴。市经济信息、通信管理、文化等部门要按照职责支持完善信息通信、广播电视等基础设施建设。市林业、园林等部门要按各自职责做好保护生态环境等监管和指导。市财政部门要积极支持避暑休闲地产基础配套等设施的建设。

重庆市人民政府办公厅

2015年9月7日